Der Apfelbaum

und seine Gäste

von

Peter Rüther

Die Neue Brehm-Bücherei

Inhaltsverzeichnis

Warum ein Buch über den Apfelbaum?

Jedes Kind kennt Äpfel, fast jedes Kind mag Äpfel. Und dass Äpfel an Bäumen wachsen, weiß eigentlich auch jedes Kind, oder? Aber einen Apfelbaum im eigenen Garten haben nur wenige Menschen. Deswegen wissen selbst die meisten Erwachsenen nicht, wie eine Apfelblüte aussieht. Und wie unterscheidet man die Apfelblüte von einer Birnenblüte?

In diesem Buch kannst du nachlesen, wie und wo die Äpfel wachsen, welche Tiere in einem Apfelbaum leben und welche leckeren Sachen man aus Äpfeln machen kann.

Und über einige Dinge wirst du bestimmt staunen. Denn dass es bei uns mehr als tausend verschiedene Apfelsorten gibt, hättest du bestimmt nicht gewusst.

Wenn auf jedem Apfelbaum eine andere Apfelsorte wächst, stehen auf dieser Wiese mehr als zehn Sorten! Hättest du das gedacht?

Zarte, weiß-rosa Blüten im Frühling …

… und am Ende eines schönen Sommers gibt es leckere Äpfel.

Steckbrief: Der Apfelbaum

Beschreibung:

- hat Laubblätter, die jedes Jahr im Frühjahr austreiben und im Herbst abgeworfen werden
- kann bis etwa zehn Meter hoch werden
- seine Äste reichen weit nach den Seiten

Besondere Merkmale:

- im Frühling mit ganz vielen weißlichen, leicht rosa gefärbten Blüten
- die Rinde sieht bei alten Apfelbäumen etwas fleckig aus, weil sie sich in kleinen Platten ablöst

Lebensraum:

- wächst auf Obstwiesen, in Gärten oder an Straßenrändern in Baumreihen
- Heimat für viele Tiere, die hier brüten und Junge aufziehen

Früchte:

- runde, feste Äpfel
- über tausend verschiedene Apfelsorten – und jede sieht anders aus und schmeckt anders
- Äpfel können zu vielen leckeren Speisen und Getränken verarbeitet werden

Wie du dich in diesem Buch zurechtfindest

Zu allen wichtigen Informationen findest du tolle **Fotos und Zeichnungen**, die dir dabei helfen, das Gelesene besser zu verstehen.

Im **Haupttext** stehen interessante und ausführliche Informationen über den Apfelbaum und den Lebensraum Streuobstwiese. Du kannst diesen Text selber lesen oder ihn dir vorlesen lassen.

Warum ein Buch über den Apfelbaum?

Winter

Im Winter ist es meist richtig kalt. Die meisten Pflanzen und Tiere haben sich vor der Kälte versteckt und warten auf den Frühling.
Der Apfelbaum sieht über den ganzen Winter unverändert aus. Schau ihn dir in dieser Zeit mal etwas genauer an: Du wirst sehen, dass er sich schon auf den nächsten Frühling vorbereitet. Überall dort, wo im Herbst ein Blatt abgefallen ist, ist eine kleine Narbe zurückgeblieben. Und direkt darüber kannst du eine kleine Knospe sehen. Im Inneren der Knospe warten schon fein zusammengefaltet die neuen Blätter und Blüten. Am Ende des Winters hat die Sonne wieder mehr Kraft. Die Knospen erhalten genügend Wärme und die neuen Blätter und Blüten können sich entfalten.

NBB Wissen

Die Knospen von Bäumen und Sträuchern treiben genau dann aus, wenn sie eine bestimmte Menge an Wärme bekommen haben. Früher holte man sich zum Barbaratag am 4. Dezember Zweige von Obstbäumen in die Wohnung.
Bis Weihnachten haben die Knospen in der Wohnung so viel Wärme bekommen, dass sie austreiben können. Auch du kannst dir in der kalten Jahreszeit einen schönen Blumenschmuck machen. Dafür holst du Anfang Dezember Zweige von Obstbäumen in

NBB Tipp

Untersuche eine

9

Wenn du es ganz genau wissen willst, findest du in der Randspalte mit dem **Symbol „Wissen“** vertiefende Informationen. Diese Informationen sind manchmal nicht einfach zu verstehen. Bitte doch jemanden, diese Texte mit dir gemeinsam zu lesen und darüber zu sprechen.

Das **Symbol „Tipp“** gibt dir Hinweise auf spannende Dinge, die du ausprobieren oder nachprüfen kannst.

Im Frühling sieht auf der Obstwiese alles grün und weiß aus.

Der Apfelbaum im Jahreslauf

Frühling

Im Frühling erwacht die Natur zu frischem Leben. Draußen wirkt alles wie neu. Überall sprießen Pflanzen aus dem Boden. An den Bäumen und Sträuchern treiben die Knospen aus. Aus den Knospen entfalten sich Blätter und Blüten, auch am Apfelbaum.

Viele Bienen und Hummeln sind jetzt auf Futtersuche. Sie fliegen zu den Blüten im Apfelbaum und suchen dort nach Blütenstaub und nach Nektar. Das ist eine süße Flüssigkeit, die viele Pflanzen in ihren Blüten bilden.
Wenn die Obstbäume blühen, stellen manche Imker – das sind Leute, die Bienen halten – ihre Bienenvölker in großen Kisten zwischen den Apfelbäumen auf. Dann haben die Bienen es nicht so weit.

Diese Kisten, die der Imker aufgestellt hat, nennt man Bienenstöcke. Von dort fliegen die Bienen bei sonnigem Wetter zu den Blüten an den Apfelbäumen.

Sommer

Der Sommer ist die warme Jahreszeit. Pflanzen und Tiere können jetzt gut wachsen. Am Apfelbaum sind die Blüten nicht mehr zu sehen. Sie sind aber nicht verschwunden, sie haben nur ihre rosa Blütenblätter abgeworfen. Aus dem Rest der Blüte ist ein kleiner Apfel entstanden. Während des Sommers wird er immer größer. Dafür braucht der Baum viel Sonne, aber auch genug Wasser und einen guten Boden.

Im Sommer kannst du viele Tiere im Apfelbaum beobachten und viele Pflanzen, die auf der Wiese blühen.

Diese Obstwiese wurde vor kurzer Zeit gemäht. Wenn du genau hinschaust, erkennst du am linken Rand die Spuren des Mähers.
Wiesen unter den Obstbäumen müssen ab und zu gemäht werden. Sie würden sonst mit Pflanzen zuwachsen – und dann kommt der Bauer im Herbst nicht mehr so gut an die Bäume heran, um die Äpfel zu pflücken. Statt zu mähen, kann man auch Schafe oder Kühe auf die Wiese lassen, damit sie das Gras abfressen.

Im Herbst sind die Apfelbäume schwer mit den reifen Äpfeln beladen. Wenn die Zweige zu voll hängen, können sie sogar brechen. Zum Glück ist das bei diesem Baum nicht passiert.

Herbst

Im Herbst sind die Äpfel reif und werden geerntet. Sie sind jetzt groß und leuchtend gelb, grün und rot gefärbt.

Einige sind schon vom Baum gefallen, die übrigen kannst du jetzt pflücken.
Wenn du die Äpfel nicht lagern, sondern sofort essen willst, kannst du den Baum auch schütteln und die Äpfel vom Boden aufsammeln.
Aber: Diese Äpfel werden leider schnell faul und müssen daher bald gegessen oder verarbeitet werden.
Wenn die Äpfel vom Baum gefallen oder geerntet sind, werden die Blätter langsam gelb und fallen ab. Der Apfelbaum wird ganz kahl – bald kommt der Winter.

Winter

Im Winter ist es meist richtig kalt. Die meisten Pflanzen und Tiere haben sich vor der Kälte versteckt und warten auf den Frühling.
Der Apfelbaum sieht über den ganzen Winter unverändert aus. Schau ihn dir in dieser Zeit mal etwas genauer an: Du wirst sehen, dass er sich schon auf den nächsten Frühling vorbereitet. Überall dort, wo im Herbst ein Blatt abgefallen ist, ist eine kleine Narbe zurückgeblieben. Und direkt darüber kannst du eine kleine Knospe sehen. Im Inneren der Knospe warten schon fein zusammengefaltet die neuen Blätter und Blüten.
Am Ende des Winters hat die Sonne wieder mehr Kraft. Die Knospen erhalten genügend Wärme und die neuen Blätter und Blüten können sich entfalten.

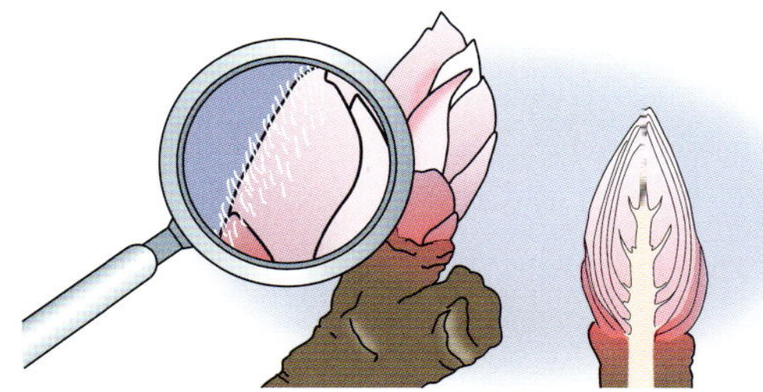

Untersuche eine Knospe mit einer Lupe: Sie sitzt voller kleiner weißer Härchen.

Die Knospen von Bäumen und Sträuchern treiben genau dann aus, wenn sie eine bestimmte Menge an Wärme bekommen haben. Früher holte man sich zum Barbaratag am 4. Dezember Zweige von Obstbäumen in die Wohnung.
Bis Weihnachten haben die Knospen in der Wohnung so viel Wärme bekommen, dass sie austreiben können. Auch du kannst dir in der kalten Jahreszeit einen schönen Blumenschmuck machen. Dafür holst du Anfang Dezember Zweige von Obstbäumen in die Wohnung und stellst sie in eine Vase mit Wasser. Dann blühen sie an Weihnachten schön auf.

Apfelbaum und Apfel: Schau genau hin!

Kaum zu glauben, dass so kleine, zarte Pflänzchen, die aus den Apfelkernen keimen, einmal zu stattlichen Apfelbäumen heranwachsen, oder?

Hier kannst du sehen, wie unterschiedlich Apfelbäume wachsen können.

Aus einem kleinen Kern ...

Apfelbäume können älter werden als ein Mensch. Wenn man sie gut pflegt, werden sie sogar viel älter als 100 Jahre. Schwer vorstellbar, dass aus einem kleinen Apfelkern ein so großer und alter Baum werden kann. Aber es klappt, wenn der Apfelkern in guter, feuchter Erde liegt:

Zuerst kommt eine kleine Wurzel heraus. Sie wächst nach unten in die Erde.

Dann wächst die kleine Pflanze auch nach oben und bildet ein kleines Stämmchen und zwei Blätter.

Jetzt kann sich der kleine Apfelbaum zusätzlich vom Sonnenlicht ernähren und größer werden. Die Wurzel und der Stamm wachsen immer weiter und verzweigen sich. Es wird aber noch viele Jahre dauern, bis der Baum stark genug ist, dass er die großen Früchte tragen kann.

In seiner Jugend wächst der Apfelbaum sehr schnell – jedes Jahr kannst du erkennen, dass er größer geworden ist. Wenn er etwa 20 Jahre alt ist, wächst er zwar immer noch, aber so langsam, dass du von einem Jahr zum anderen kaum eine Veränderung sehen kannst.

Wenn der Baum das Glück hat, dass sich ein Bauer oder eine Gärtnerin um ihn kümmert, kann er ganz alt werden. Dafür müssen ihm aber immer wieder die kranken Zweige herausgeschnitten werden.

Manchmal werden auch gesunde Zweige aus dem Baum geschnitten. Denn wenn weniger Zweige am Baum sind, wachsen auch nicht so viele Äpfel auf ihm. Diese Äpfel sind dafür aber gesund und groß. Und weil sie viel Sonne bekommen haben, schmecken sie süß und lecker.

Überlege, warum man im Winter besonders gut sehen kann, welche Zweige am Apfelbaum krank sind und darum herausgeschnitten werden müssen.

Am Apfelbaum wachsen zwei Arten von Knospen. Die einen sitzen einzeln an den langen, dünnen Zweigen. Aus ihnen kommen die frischen jungen Blätter. Die anderen sitzen in kleinen Gruppen zu drei bis sechs an ganz kurzen Stielen. Das sind die Seitentriebe: Sie bilden die vielen Blüten, die den ganzen Baum im Frühling wie in einen hellroten Mantel einhüllen.

Typisch Apfelblüte

Schauen wir uns doch mal die Blüte eines Apfelbaums genauer an. Sie besteht aus fünf Teilen.

Blütenstiel

Die Blüte sitzt nicht direkt auf dem Holz der Zweige, sondern auf einem Blütenstiel. Wenn du dem Blütenstiel mit dem Auge Richtung Blüte folgst, kannst du nacheinander vier verschiedene Blätter oder Blütenteile erkennen.

Kelchblätter

Sie sind klein und grün und es sitzen immer fünf an einer Blüte.

Kronblätter

Das sind die auffälligsten Teile der Blüte. Die fünf weißen, leicht rot gefärbten Kronblätter leuchten schon von Weitem und locken viele Insekten an, vor allem Bienen und Hummeln. Die suchen Nektar und Blütenstaub in den Blüten. Beides brauchen sie zur Ernährung.

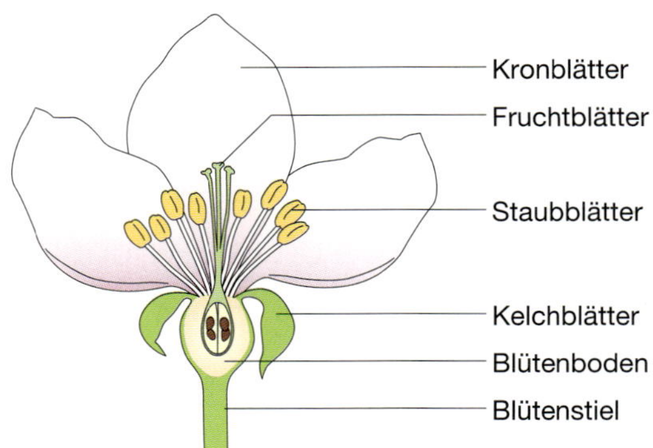

Staubblätter

Das sind die vielen gelben Blütenteile, die aus einem Stiel und zwei kleinen Kügelchen bestehen, die oben auf dem Stiel sitzen. Staubblätter heißen sie, weil in den gelben Kügelchen ganz viele winzig kleine Körnchen sitzen. Sie sind so zahlreich und so klein, dass sie wie gelber Staub aussehen. Das sind die Pollenkörner.

Fruchtblätter

Ganz im Inneren der Blüte sitzen noch drei grüne Stielchen. Unten sind sie etwas dicker als oben. Das sind die Fruchtblätter. Aus ihnen entwickelt sich später das Kerngehäuse des Apfels.

Im Mai treiben beim Apfelbaum zuerst die grünen Laubblätter aus und wenige Tage danach die Blüten. Wenn der Apfelbaum Blüten trägt, sind also auch immer schon grüne Blätter am Baum.
Genau umgekehrt ist es beim Kirschbaum: Bei ihm erscheinen erst die vielen strahlend weißen Blüten und danach die grünen Blätter.

Die reifen Äpfel sind nicht immer kugelrund. Sie können ganz verschiedene Formen haben.

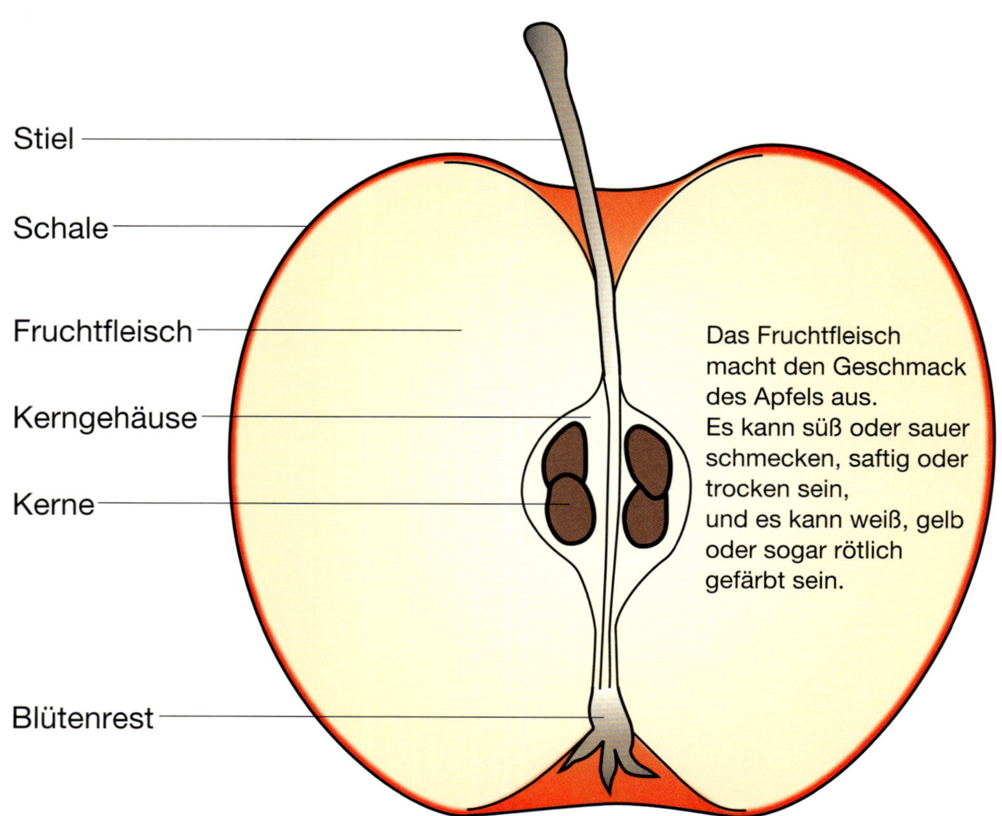

Untersuche doch selber mal einen halbierten Apfel. Kannst du alle Teile finden, die hier im Bild zu sehen sind?

Wie sieht ein Apfel genau aus?

Viele Menschen wissen gar nicht ganz genau, wie ein Apfelbaum aussieht. Aber die Frucht des Apfelbaums, den Apfel, kennt jeder. Wenn du einen Apfel aufschneidest, siehst du, dass er aus mehreren Teilen besteht.

Kerngehäuse

Das Kerngehäuse ganz im Inneren des Apfels besteht aus fünf Kammern. In jeder sitzen meistens zwei Kerne. Die dünnen Wände dieser Kammern sehen aus wie Pergamentpapier. Die meisten Menschen essen das Kerngehäuse nicht mit. Sie lassen den Strunk übrig.

Apfelkerne

Die Apfelkerne sind die Samen des Apfels. Sie sind erst weiß. Wenn der Apfel reif ist, werden sie braun.

Schale

Die Schale schützt das Innere des Apfels. Sie sorgt dafür, dass er nicht austrocknet und dass keine Krankheitskeime in das Innere des Apfels kommen können. Die Schale ist sehr gesund. Direkt unter ihr sitzen viele Vitamine. Du solltest sie also mitessen, vorher aber waschen.

Stiel

Mit dem Stiel hängt der Apfel am Baum. Der Stiel ist holzig. Er sitzt in einer Vertiefung am Apfel.

Dir ist bestimmt schon aufgefallen, dass manche Äpfel nach dem Durchschneiden innen braun werden und manche nicht.
Äpfel, die braun werden, haben mehr von ganz besonderen Inhaltsstoffen: den Polyphenolen. Diese lassen das Fruchtfleisch braun werden, wenn es an die Luft kommt. Polyphenole sind gut gegen Entzündungen im Körper und beugen auch gegen Darmkrebs vor. Darum ist es gar nicht schlimm, wenn du Apfelspalten isst, die schon braun geworden sind. Ganz im Gegenteil: Gerade diese sind sehr gesund.

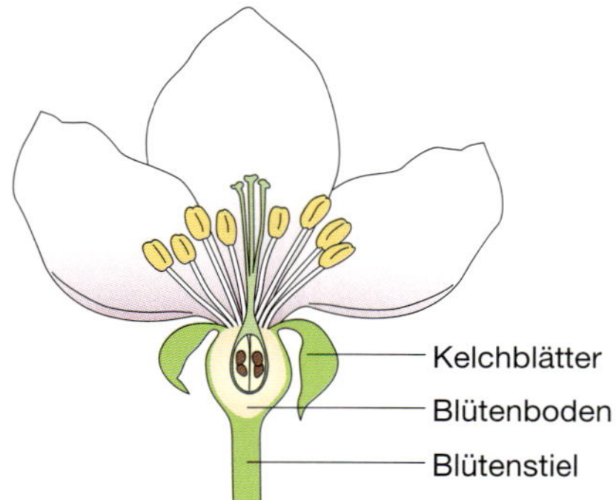

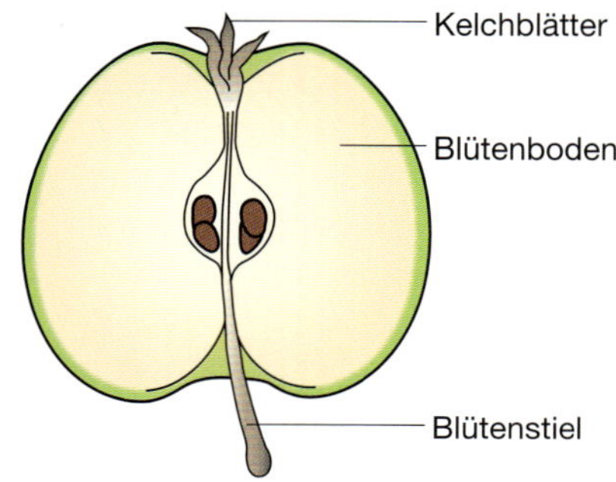

Kleine trockene Blättchen bleiben als Rest von der Blüte übrig.

Fruchtfleisch

Der reife Apfel besteht aber aus mehr als dem Kerngehäuse: Das Beste am Apfel ist ja das leckere Fruchtfleisch. Aber wo kommt es her?

Gibt es noch einen Teil in der Blüte, den wir bisher nicht besprochen haben? Ja, es ist das Ende des Blütenstiels direkt unter den Kelchblättern.

Dieses Ende ist etwas dicker als der übrige Stiel. Im Laufe des Sommers wird es immer dicker und saftiger und bildet dann das Fruchtfleisch.

Blütenrest

An der Unterseite des Apfels – genau dem Stiel gegenüber – sitzen kleine trockene Blättchen in einer Grube.

Es sind die Reste der Apfelblüte aus dem Frühjahr. Genauer gesagt, sind es die alten, vertrockneten Kelchblätter. Die Kronblätter sind schon direkt nach der Bestäubung durch die Bienen abgefallen, ebenso die Staubblätter. Und aus den Fruchtblättern entwickelt sich ja das Kerngehäuse des Apfels.

Ohne Bienen keine Äpfel

Nicht alle Blüten, die im Frühling am Apfelbaum hängen, entwickeln sich zu Äpfeln. Einige verwelken, ohne dass ein Apfel daraus entsteht. Wie kommt das? Stell dir vor, dass du einige Apfelblüten während der gesamten Blütezeit beobachten könntest. Du würdest feststellen, dass Blüten, die niemals Bienen zu Besuch hatten, auch nicht zum Apfel werden. Anders ist es, wenn eine Biene von einem anderen Apfelbaum kommt und von dort einige Pollenkörner an ihrem pelzigen Körper und vor allem an ihren Beinen mitbringt.

Wenn diese Pollenkörner dann auf die Fruchtblätter der Apfelblüte kommen, ist dies für die Blüte wie ein Signal, dass sie jetzt zu einem Apfel wachsen soll. Biologen sagen dazu: die Blüte wurde „befruchtet“. Bekommt die Blüte kein Signal durch fremde Pollenkörner, wächst sie auch nicht zu einem Apfel.

Die Befruchtung einer Apfelblüte funktioniert nur mit Pollenkörnern von anderen Apfelsorten. Obstbauern pflanzen daher viele verschiedene Sorten auf ihre Streuobstwiesen.

Mit wem sind Apfelbäume verwandt?

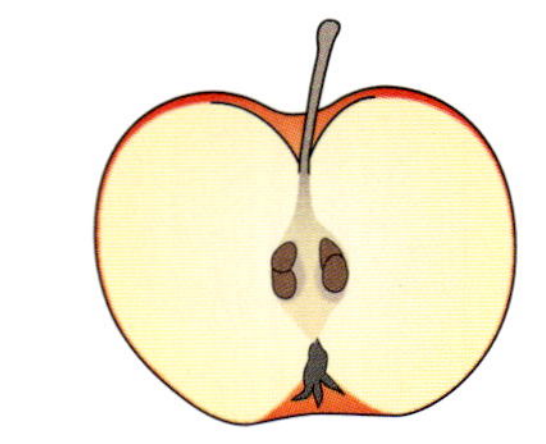
halbierter Apfel

halbierte Birne

Blatt eines Apfelbaums

Blatt eines Birnbaums

Die Krone eines Apfelbaums ist rund wie ein Apfel.

Die Krone eines Birmbaums ist wie eine Birne geformt.

Apfelbäume und andere Obstbäume

Wenn Apfelbäume ihre Früchte tragen, kannst du sie ganz leicht von anderen Obstbäumen unterscheiden, z. B. von einem Birnbaum.

Aber auch die Blüten, die im Mai die Bäume fast ganz einhüllen, sind verschieden: Apfelblüten sind leicht rötlich oder rosa gefärbt, Birnenblüten sind immer schneeweiß.

Und die Blätter kann man ebenfalls unterscheiden, aber das ist eher etwas für Obstbaum-Expertinnen und Obstbaum-Experten.

Kannst du die Unterschiede zwischen Apfel und Birne aufzählen?
Der Apfel hat eine Form, die fast wie eine Kugel aussieht. Nur oben und unten gibt es eine kleine Kuhle. Die Birne hat eine andere Form: Sie ist länglich und unten dicker als oben – eben typisch birnenförmig.
Birnen schmecken auch ganz anders als Äpfel. Und wenn du eine Birne kaust, spürst du im Mund kleine harte Körnchen.
Sie sind typisch für Birnen. Weil sie winzig klein und steinhart sind, nennt man diese Körnchen Steinzellen. In Äpfeln findest du sie nicht.
Neben Apfel- und Birnbäumen gibt es aber noch viel mehr Obstbäume, die bei uns angebaut werden. Ihre Früchte sehen ganz anders aus als Äpfel oder Birnen.
Bei den Obstbäumen unterscheiden wir drei Formen von Früchten:

- Nussfrüchte
- Steinfrüchte
- Kernfrüchte

Diese Früchte schauen wir uns mal näher an.

Nussfrucht: Haselnuss

Steinfrucht: Kirsche

Kernfrucht: Apfel

Welche dieser Früchte isst du am liebsten?

Nussfrüchte

Die Haselnuss ist eine Nussfrucht – na, ja, das überrascht bei dem Namen jetzt nicht wirklich. Bei den Nussfrüchten muss man erst eine harte Schale knacken. Diese kann man nicht essen. Essen kann man aber den weichen Kern. Nüsse sind lange haltbar. Im Oktober werden sie reif. Danach können sie längere Zeit in einer warmen Stube liegen, zum Beispiel auf dem Weihnachtsteller, und bleiben doch immer noch frisch.

Steinfrüchte

Fast genau umgekehrt ist es bei Kirschen, Pflaumen und Schlehen. Das sind Steinfrüchte. Sie haben einen harten Kern, der in einer weichen, fleischigen Frucht liegt. Ganz außen ist eine Haut. Sie verhindert, dass das saftige Fruchtfleisch austrocknet.

Kernfrüchte

Beispiele für Kernfrüchte sind unser Apfel und die Birnen. Eigentlich ist es bei ihnen wie bei den Steinfrüchten: Sie haben eine fleischige, saftige Frucht, die von einer Haut geschützt wird. Innen drin ist jetzt aber nicht ein harter Stein, sondern wir sehen mehrere kleine, nicht ganz so harte Kerne.

Auch wenn der Name erst etwas anderes vermuten lässt: Die Walnuss ist eine Steinfrucht. Wie kommt man nur darauf?
Schau dir eine Walnuss am Baum an:

Am Baum sitzt nämlich das, was du als Walnuss kennst, noch in einer fleischigen grünen Hülle. Und die Walnuss ist – eigentlich wie der Kirschkern – der harte Kern in einer weichen Frucht.

Hier siehst du, wie unterschiedlich die Blätter von Laubbäumen geformt sein können.

Obstbäume und andere Laubbäume

Unsere Obstbäume haben flache Laubblätter. Diese Bäume heißen Laubbäume.

Es gibt aber auch Bäume, die haben dünne und spitze Blätter. Von der Form her erinnern sie an Nadeln. Bäume mit solchen Blättern heißen deswegen Nadelbäume.

Laubbäume und Nadelbäume lassen sich also leicht an ihren Blättern unterscheiden.

Die meisten Laubblätter sind oval wie ein Ei. Es gibt aber auch Blätter, die wie ein Kreis geformt sind oder wie ein Herz oder wie eine Hand. Manche haben oben eine Spitze und manche sehen aus, als wären Teile herausgeschnitten.

Erkennst du die Nerven der Laubblätter? Sie können unterschiedlich verzweigt sein.

Und die Blattränder! Sie sind entweder ganz glatt oder sie haben viele kleine Zacken.

Schließlich gibt es auch noch Blätter, die aus mehreren kleinen Blättchen zusammengesetzt sind. Du merkst also: Blätter von Laubbäumen können ganz verschieden aussehen. Aber die flache Form haben sie alle gemeinsam.

Untersuche jetzt mal das Blatt von einem Apfelbaum. Es hat einen Stiel und die Blattfläche ist ungefähr wie ein Ei geformt. Ganz oben hat das Blatt eine Spitze.
Auf der Oberseite und auf der Unterseite kannst du die Blattnerven gut sehen: Oben sind sie in die Blattfläche eingedrückt, unten stehen sie aus der Blattfläche heraus.
Der Blattrand sieht aus wie eine Säge, du kannst viele kleine Zacken erkennen.
Auf der Oberseite fühlt sich das Blatt glatt an, auf der Unterseite ist es weich wie Filz. Warum?

Wenn du eine Lupe hast (am besten eine, die 8- bis 10-mal vergrößert), wirst du es entdecken: Da gibt es viele kleine weiße Haare. Und die fühlen sich so schön weich an.

Wenn in einem Garten ein Apfelbaum und ein Birnbaum nebeneinander stehen, kannst du die Blätter vergleichen. Die Blätter beim Birnbaum haben keine Haare auf der Unterseite. Außerdem glänzen sie auf der Oberseite immer etwas.

Hast du gewusst, dass man Laubbäume auch sommergrüne Bäume nennt? Eigentlich logisch, weil sie ja nur im Sommer grüne Blätter tragen. Im Herbst fallen die Blätter ab und im Winter sind die Bäume kahl.
Dann kannst du dir bestimmt auch vorstellen, warum die Nadelbäume auch wintergrüne Bäume heißen, nicht wahr?

Nur ein einziger Nadelbaum wirft genau wie die Laubbäume jeden Herbst seine Blätter – also die Nadeln – ab: Das ist die Lärche.

Nur Pflanzen können Lignin bilden. Dieser Stoff bewirkt, dass die Pflanzen sehr hart und fest werden. Lignin ist also vor allem für Bäume wichtig.
Da in Bäumen viel Lignin enthalten ist und weil es auf der ganzen Erde sehr viele Bäume gibt, ist Lignin einer der häufigsten Stoffe, der von Pflanzen gebildet wird.

Wie unterscheiden sich Bäume von anderen Pflanzen?

Geniales Material: Holz

Was ist nun das Besondere, das Bäume von anderen Pflanzen unterscheidet? Na, klar: Stamm, Äste und Zweige sind aus Holz. Holz entsteht immer dann, wenn Pflanzen in ihrem Inneren viel von einem bestimmten Pflanzenstoff aufnehmen: Dieser Stoff heißt Lignin.
Pflanzenzellen, die viel Lignin enthalten, sterben ab und werden ganz fest und hart. Beim Baumstamm, bei den Ästen und Zweigen ist genau das passiert.

Und weil Holz so fest und hart ist, können Bäume sehr hoch wachsen, ohne dass sie umknicken oder zusammenbrechen. Im Unterschied dazu bestehen die Stängel beim Klatschmohn oder beim Löwenzahn aus lebenden Zellen, die ganz weich sind. Der Stängel des Löwenzahns kann daher leicht umknicken oder abbrechen.

Klatschmohn …

und Löwenzahn

Jahrringe: Geburtstagskalender der Bäume

Bäume können sehr alt werden. Wie du vielleicht weißt, gibt es Bäume, die mehrere tausend Jahre alt werden. Ein Apfelbaum schafft das nicht. Er kann zwar über 100 Jahre alt werden, aber auch nur dann, wenn er gut gepflegt wird.

Wie alt ein Baum genau ist, kannst du bei einem gefällten Baum leicht erkennen. Wenn der Stamm ganz glatt abgesägt wurde, siehst du auf der Baumscheibe viele Ringe. Jeder Ring bedeutet ein Jahr, denn in jedem Jahr wächst ein neuer Ring. Deshalb heißt er auch Jahrring. Du brauchst also nur die Jahrringe abzuzählen und weißt dann genau, wie alt dieser Baum war, bevor er gefällt wurde.

Wenn Wissenschaftler wissen wollen, wie alt ein bestimmter Baum ist, müssen sie ihn aber nicht gleich fällen: Mit einem Spezialbohrer schneiden sie einen ganz dünnen Holzstab aus dem Baum und zählen daran die Jahrringe.

Bäume wachsen bei uns nur in der warmen Jahreszeit. Ihre Stämme wachsen immer außen weiter. Die ältesten Pflanzenteile sind also innen im Baum und die jüngsten ganz außen.

Wenn es im Frühjahr warm wird, wachsen die Bäume zuerst sehr schnell, im Sommer dann immer langsamer. Das kannst du an den Jahrringen erkennen:

Jeder Jahrring ist innen hell (das ist im Frühjahr schnell gewachsen) und außen dunkel (das ist im Sommer langsamer gewachsen).

Chlorophyll ist wichtig für den Stoffwechsel der Pflanzen: Aus Sonnenlicht, Wasser und verbrauchter Luft (Kohlenstoffdioxid) kann das Chlorophyll frische Luft (Sauerstoff) und Energie (Stärke und Traubenzucker) herstellen. Alle Pflanzen und Tiere benötigen Energie zum Wachsen. Tiere erhalten sie, wenn sie Pflanzen oder andere Tiere fressen. Pflanzen holen sich diese Energie von der Sonne und aus der Luft. Das Chlorophyll hilft ihnen dabei.

Was haben Bäume und andere Pflanzen gemeinsam?

Apfelbäume und andere Bäume sehen zwar ganz anders aus als ein Löwenzahn, eine Tulpe oder ein Klatschmohn. Aber sie haben eines gemeinsam: Es sind alles Pflanzen. Und wenn du genau hinschaust, wirst du merken, dass sie aus ähnlichen Teilen bestehen:

Alle haben Wurzeln, die im Boden wachsen. Über der Erde bestehen sie aus einem Stängel mit Blättern und Blüten daran. Die Blätter sind grün. In den Blättern ist nämlich ein grüner Pflanzenfarbstoff: das Chlorophyll.

Je mehr Sonne die Blätter von den Bäumen erhalten, desto mehr Energie können sie mit dem Chlorophyll erzeugen. Diese Blätter gehören zu einer Buche.

Obwohl die hier gezeigten Pflanzen sehr unterschiedlich aussehen, kannst du erkennen, dass sie alle aus den gleichen Teilen bestehen: einer Wurzel und einem Stängel mit Blättern und Blüten.
Von links nach rechts siehst du: Kleines Immergrün, Heidelbeere, einen Baum, Löwenzahn, Kriechender Hahnenfuß, Gilbweiderich, Busch-Windröschen, Krokus und Klatschmohn.

Der Apfelbaum nimmt die Nährstoffe aus dem Boden mit dem Wasser auf. Das kannst du dir so vorstellen: Wenn du in einem Glas Wasser eine Brausetablette auflöst, dann ist die Brause in winzig kleinen Teilchen im Wasser enthalten. Die Teilchen sind so klein, dass du sie mit bloßem Auge und auch mit einer Lupe nicht erkennen kannst. Aber sie sind leicht zu transportieren.

Und aus der Luft nimmt der Baum Kohlenstoffdioxid auf und gibt Sauerstoff ab. Beide Stoffe sind in der Luft enthalten, du kannst sie aber nicht sehen.

Der Apfelbaum ist ein Lebewesen

Apfelbäume sind wie alle Bäume und wie alle anderen Pflanzen mit ihren Wurzeln fest im Boden verankert. Deshalb können sie sich nicht wie Tiere bewegen. Aber dennoch leben sie!
Das kannst du zum Beispiel daran erkennen, dass sie wachsen. Ein kleiner Keimling, der aus einem Apfelkern kommt, wächst schließlich zu einem großen und kräftigen Baum heran. Zum Wachsen braucht ein Apfelbaum – wie Menschen und Tiere auch – Wasser und Nahrungsmittel.

Wasser nimmt der Apfelbaum mit den Wurzeln aus dem Boden auf und gibt etwas davon aus den Blättern wieder ab. Das Wasser, das eine Pflanze aus den Blättern abgibt, kannst du aber nicht sehen, weil es nicht flüssig ist, sondern ein Gas. Und Gase sind in der Regel unsichtbar.
Nahrungsmittel für Bäume sind bestimmte Arten von Salz und Mineralien. Sie werden Nährstoffe genannt.

Apfelbäume wachsen aber nicht immer weiter. Irgendwann hören sie damit auf und sterben schließlich. Auch das gehört bei einem Lebewesen dazu. Wahrscheinlich hat ein alter Apfelbaum in seinem langen Leben ganz viele Äpfel hervorgebracht. Und wenn dann aus einigen Apfelkernen wieder kleine Pflanzen kommen und am Ende zu großen Apfelbäumen werden, so hat es der Apfelbaum geschafft, sich zu vermehren.

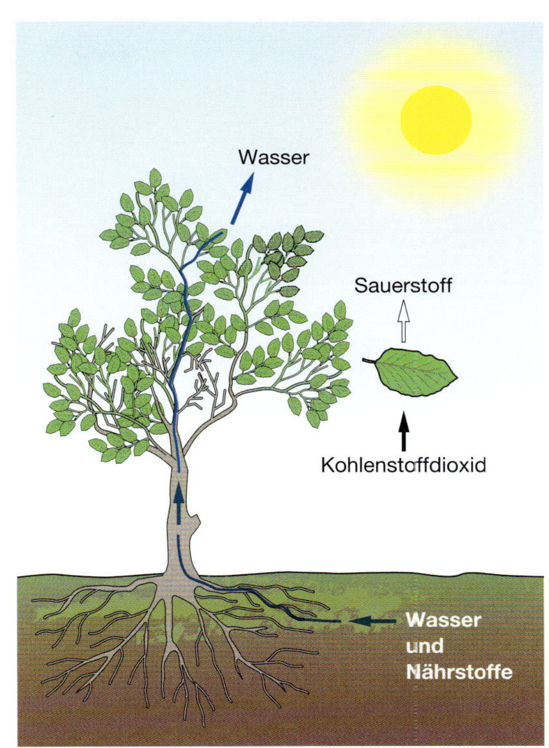

An drei Eigenschaften kannst du erkennen, dass ein Apfelbaum lebt:

- er wächst
- er verarbeitet Stoffe
- er vermehrt sich

Dass ein Apfelbaum einige Stoffe aufnimmt, sie in der Pflanze verarbeitet und andere Stoffe wieder abgibt, nennen die Wissenschaftler Stoffwechsel. Auch wir haben einen Stoffwechsel. Wir nehmen mit der Nahrung Stoffe auf. Einen Teil davon brauchen wir zum Wachsen. Den Rest geben wir auf der Toilette wieder ab. Und wir atmen Sauerstoff ein und Kohlenstoffdioxid wieder aus. Das gehört zu unserem Stoffwechsel.

Pflanzen, pflegen und pflücken

Wildäpfel sind nur so groß wie Walnüsse.

Woher kommen die Apfelbäume?

Apfelbäume wachsen in Gärten, auf Streuobstwiesen oder in Obstplantagen. Dort sind sie von Menschen gepflanzt worden. Man sieht sie nur sehr selten wild wachsend im Wald oder in der freien Landschaft. Aber wo kommen sie eigentlich her? Denn die Obstbauern und Gärtner müssen sie von irgendwoher auf ihre Wiesen und in ihre Gärten geholt haben.

Tatsächlich gibt es sogar einen Wildapfelbaum, der bei uns in Deutschland an Waldrändern oder in lichten Wäldern wächst. Er ist aber von Natur aus sehr selten und nicht leicht als Apfelbaum zu erkennen.
Seine Früchte sind nämlich viel kleiner als an den Apfelbäumen im Garten. Sie werden nicht größer als eine Walnuss oder eine Zwetschge.
Im Unterschied zu den Wildäpfeln werden die Apfelbäume im Garten Kulturäpfel genannt.
Wildäpfel gibt es auch in anderen Ländern und Erdteilen. Aus den europäischen und aus den asiatischen Wildäpfeln sind unsere Kulturäpfel entstanden.
Die Kulturäpfel waren allerdings am Anfang auch noch nicht so groß und so lecker wie heute.
Das wurden sie erst durch die Züchtung.
Dafür suchte man die Bäume mit großen und gut schmeckenden Früchten aus und vermehrte sie.
So hat man nach und nach das Aussehen, den Geschmack und die Größe der Äpfel immer weiter verbessert. Durch Züchtung haben wir also die vielen, vielen Apfelsorten erhalten, die es heute gibt.

Durch Züchtung kann man Pflanzen und Tiere, die wir Menschen nutzen wollen, in bestimmten Eigenschaften immer weiter verbessern. Man sucht sich die besten Exemplare aus und vermehrt sie. So haben wir im Laufe der Zeit z. B. Kühe bekommen, die mehr Milch geben, oder neue Kartoffelsorten, die uns besser schmecken, oder Tulpen mit neuen Farben.

Apfelexpertinnen und Apfelexperten können heute mehr als tausend Apfelsorten unterscheiden. Sie unterscheiden sich durch

- die Farbe,
- die Form,
- den Geschmack,
- den Monat, in dem sie reif werden, und
- den Zeitraum, den sie gelagert werden können.

Viele, viele Apfelsorten

Besonders viele Apfelsorten sind in Deutschland entstanden. Die meisten Sorten wachsen nur in kleinen Gebieten oder Dörfern. Und sie wachsen genau dort, weil sie mit dem Klima an diesem Ort gut zurechtkommen. Diese alten Apfelsorten haben meistens einen ganz eigenen Geschmack. Man sagt, sie sind sehr aromatisch. Außerdem werden sie nicht so häufig von Schädlingen und Krankheiten befallen.

Leider verschwinden aber auch viele alte Sorten wieder, weil sich nicht mehr viele Menschen darum kümmern.

Einige alte Sorten kannst du gut an ihrer Farbe, ihrer Schale, ihrer Form oder ihrem Geschmack erkennen.

Rote Sternrenette

Die Rote Sternrenette war früher der typische Weihnachtsapfel. Die dunkelroten Äpfel kamen auf den Weihnachtsteller oder wurden an den Weihnachtsbaum gehängt. Wenn man die Rote Sternrenette aufschneidet, sieht man oft rote Streifen im weißen Fruchtfleisch. Gut zu erkennen ist die Sorte auch an den kleinen, sternchenförmigen, rostfarbigen Punkten auf der Schale. Die Äpfel werden nicht besonders groß. An alten Bäumen hängen aber meistens ganz viele Früchte. Die Äpfel schmecken sehr aromatisch und etwas süßsäuerlich.

Glockenapfel

Der Glockenapfel ist an seiner Form zu erkennen. Er ist oben dicker als unten und hat dadurch eine glockenförmige Gestalt. Die Schale ist hellgelb. Manchmal ist sie auf der Seite, an der sie viel Sonne bekommen hat, rot. Der Apfel schmeckt leicht säuerlich. Er ist lange haltbar.

Mache eine Untersuchung und ein Geschmacksexperiment zu den einzelnen Apfelsorten.
→ Seite 67

Rote Sternrenette

Glockenapfel

Boskoop

Apfelsorten im Supermarkt
In den Supermärkten gibt es etwa 20 verschiedene Sorten. Viele davon stammen ursprünglich nicht aus Deutschland, sondern wurden in anderen Ländern gezüchtet oder auch zufällig entdeckt. Einige Sorten kennst du bestimmt, weil deine Eltern sie schon mal gekauft haben.

Braeburn
Braeburn ist eine Apfelsorte, die zuerst aus Neuseeland kam. Die Sorte wurde dort von einem Bauern zufällig in einer Hecke am Wegrand gefunden. In Europa wird Braeburn sehr gerne gegessen. Daher wird er jetzt auch in Südeuropa angepflanzt. Bei uns kann er nicht so gut wachsen, weil die Sommer zu kurz sind. Der Apfel ist gelb und rot gefärbt.

Elstar
Die Apfelsorte Elstar wurde ursprünglich in Holland gezüchtet. Weil er in Deutschland gerne gegessen wird, ist er bei uns heute eine der Apfelsorten, die am meisten angebaut werden. Der Apfel ist gelb gefärbt und dort, wo er viel Sonne bekommen hat, ist er rot.

Jonagold
Die Apfelsorte Jonagold wurde zuerst in den USA gezüchtet. Ähnlich wie die Sorte Elstar wird auch Jonagold bei uns sehr häufig angebaut. Der Apfel ist gelbgrün gefärbt und an der Sonnenseite rot.

Boskoop

Der Boskoop ist ein großer Apfel mit einer gelbgrünen, rauen Schale. Er schmeckt angenehm säuerlich. Entstanden ist er in dem Ort Boskoop in Holland. Von dort kam er nach Deutschland. Er wurde auf vielen Streuobstwiesen gepflanzt.
Die Äpfel lassen sich gut lagern. Und wenn sie richtig gelagert werden, schmecken sie nach mehreren Monaten im Keller sogar noch besser als bei der Ernte. Sie enthalten sehr viel Vitamin C und sind daher sehr gesund. Boskoop-Äpfel eignen sich prima zum Kuchenbacken.

Wie kann ich aus einem Apfel einen neuen Baum ziehen?

Wenn du einen besonders leckeren Apfel hast, möchtest du vielleicht davon einen ganzen Baum in eurem Garten haben? Dann musst du dir einen Zweig von dem Baum besorgen, auf dem der Apfel gewachsen ist. Bei einem Apfel aus dem Supermarkt ist dies schwierig, besonders wenn er aus Chile, Neuseeland oder Südafrika kommt. Bei einem Apfel, den du von einer Streuobstwiese oder von Freunden oder Nachbarn bekommen hast, ist dies schon bedeutend leichter.

Den Zweig kannst du von einem Fachmann auf einen alten Apfelbaum setzen lassen. Mit einer speziellen Technik schafft es der Obstfachmann, dass der Zweig mit dem Baum verwächst – diese Technik nennt man Veredlung. Dann wachsen zwei Sorten Äpfel auf dem Baum, die alte Sorte und deine leckere Sorte, die aufgesetzt wurde.
Eine andere Möglichkeit ist, dass du dir in einer Obstbaumschule einen neuen Baum aus dem Zweig ziehen lässt. Frag doch einfach mal nach.

Warum bekomme ich eine neue Apfelsorte, wenn ich aus einem Apfelkern einen Baum wachsen lasse?

In den Apfelkernen sind immer Teile von zwei verschiedenen Apfelbäumen enthalten, denn die Apfelblüte wurde von Bienen mit Blütenstaub von einem anderen Baum bestäubt (→ Seite 17). Die Kerne sind also eine Mischung aus zwei verschiedenen Apfelbäumen. Und so kann man nicht genau sagen, welcher Apfelbaum und welche Äpfel aus einem Apfelkern wachsen.

Herbstzeit ist Erntezeit

Im Herbst wird das Obst geerntet. Im Juni werden schon die Kirschen reif, dann die Pflaumen und Zwetschgen und schließlich die Birnen und Äpfel.
Die Apfelernte dauert am längsten. Es gibt Sorten, die schon früh reif sind, und Sorten, die erst spät geerntet werden.
Bei der Apfelernte achten wir darauf, was wir später aus dem Obst machen wollen. Zuerst wird das Tafelobst geerntet. Das sind die schönen Äpfel, die vorsichtig in einen Korb oder eine Kiste gepflückt werden. Sie dürfen keine Druckstellen und keine Schäden an der Schale haben. Sonst werden sie nach kurzer Zeit faul. Tafelobst sind die Äpfel, die direkt auf den Tisch, die Tafel, kommen. Manche Sorten werden sofort gegessen, andere müssen erst noch etwas gelagert werden.
Wer eine Obstwiese hat und einen kühlen Keller, kann seine Äpfel selbst lagern und hat noch lange Zeit im Winter frisches Obst. Viele Menschen haben aber heute nicht mehr diese Möglichkeit. Sie müssen Äpfel im Supermarkt kaufen.

Du hast dich bestimmt auch schon mal gefragt, warum es im Supermarkt das ganze Jahr über Äpfel gibt, obwohl die Erntezeit längst vorbei ist und auch die Äpfel im Keller nicht mehr schön aussehen.
Die Äpfel aus dem Supermarkt kommen aus großen Kühlhäusern. Im Inneren der Kühlhäuser ist es immer gleich kühl und gleich feucht. Dort bleiben die Äpfel viele Monate frisch.
Äpfel sind besonders lange haltbar bei einer Temperatur von 3 bis 5 °C. Das ist schon ziemlich kühl.

So kühl bleibt es auch in den besten Lagerkellern in einem Wohnhaus nicht. Und darum gibt es in den Supermärkten auch dann noch frische Äpfel aus Deutschland zu kaufen, wenn unsere Äpfel im Keller schon längst schrumpelig geworden sind.

Äpfel werden in Kisten gepflückt. Man kann sie gleich essen oder in einem kühlen Keller lagern, damit man auch im Winter leckeres Obst hat.

Die schönsten Äpfel kommen direkt auf den Tisch, die Tafel. Deswegen nennt man sie Tafelobst.

Direktsaft
Auf manchen Saftflaschen kannst du lesen, dass es sich um einen Direktsaft handelt. Das ist der Saft, der direkt aus den Äpfeln gepresst und nicht verändert wird.

Für eine Flasche Apfelsaft (0,7 Liter) braucht man etwa ein Kilogramm Äpfel. Das sind ungefähr 5–6 große Äpfel.

Bakterien
Bakterien sind winzige Lebewesen, die du nur mit dem Mikroskop erkennen kannst. Manche von ihnen verursachen schlimme Krankheiten, andere sind sehr nützlich für uns Menschen.

Was man aus Äpfeln alles machen kann!

Die meisten Äpfel werden nicht frisch gegessen oder als Tafelobst gelagert. Sie werden verarbeitet.

Apfelsaft

Die Äpfel werden gewaschen und grob zerkleinert. Dann wird aus dieser Apfelmasse, die man Maische nennt, der Saft ausgepresst. Frischer Saft wird aber nach wenigen Tagen schlecht. Wenn er länger halten soll, wird er kurz auf 85 °C erhitzt und noch heiß in Flaschen gefüllt. So werden die Bakterien abgetötet und der Saft ist etwa zwei Jahre haltbar.

Most

Füllt man frischen Saft in Fässer, sodass keine Luft an den Saft kommt, entsteht in wenigen Wochen Most. In dieser Zeit haben nämlich Bakterien den Fruchtzucker aus den Äpfeln in Alkohol umgewandelt.

Essig

Um Essig herzustellen, gibt man spezielle Bakterien in den Most: die Essigbakterien. Die wandeln den Alkohol im Most in Essigsäure um – und fertig ist der Essig.

Dörrobst

Weil wir heute das ganze Jahr über frisches Obst kaufen können, stellt fast niemand mehr Dörrobst her. Vielleicht kennst du auch den anderen Namen: Trockenobst. Früher gab es noch keine großen Kühllager und keine Äpfel aus Südamerika oder Neuseeland.
Da wurde Obst getrocknet, damit es lange haltbar blieb. Die Äpfel oder auch Birnen hat man dazu in Scheiben geschnitten. Anschließend wurden die Kerne entfernt. Und dann hat man die Scheiben in einem Dörrofen bei milder Hitze getrocknet.

Trockenobst herstellen
Auch ohne einen Dörrofen kannst du ganz einfach getrocknete Apfelringe herstellen: Wasche die Äpfel und entferne die Kerne mit einem Apfelentkerner. Schneide die Äpfel in möglichst dünne Scheiben. Tauche die Scheiben kurz in Zitronenwasser – so verhinderst du, dass sie schnell braun werden. Ziehe dann eine Schnur durch die Löcher und hänge die Schnur mit den Apfelringen im Zimmer auf. Achte darauf, dass die Apfelringe nicht zu dicht aneinander auf der Schnur hängen und dass der Raum gut durchlüftet ist. Nach etwa zwei Wochen kannst du die ersten Ringe probieren. Wenn du sie lagern willst, musst du sie länger trocknen lassen.

Getrocknete Apfelringe sind auch nach vielen Monaten noch frisch und schmecken einfach toll.

Apfelbrand ist wirklich nur etwas für Erwachsene, aber der Apfelsaft ist auch für Kinder.

Apfelbrand

Apfelbrand entsteht in einer Brennerei. Wie beim Apfelsaft macht man erst eine Maische. Die Maische wird in einem Fass vergoren. Dabei wandeln Bakterien den Fruchtzucker in Alkohol um – genau wie beim Most.

In einem Kessel aus Kupfer (das ist ein rötliches Metall) wird die Maische dann erhitzt. In der Maische sind Wasser und Alkohol. Beides verdampft, wenn es erhitzt wird – du kennst das bestimmt von einem Wasserkocher. Alkohol verdampft etwas schneller als Wasser. Dieser Alkoholdampf wird dann aufgefangen. Wenn er abkühlt, ist er wieder flüssig und wird in Flaschen abgefüllt.

Man kann natürlich noch viele andere leckere Sachen aus Äpfeln machen. Frag mal in deiner Familie, wie viele verschiedene Rezepte Apfelkuchen jeder kennt. Oder denk an Apfelmus, das ihr bestimmt auch schon zu Hause gekocht habt. Man kann auch Waffeln mit kleinen Apfelstückchen backen, oder Bratäpfel im Ofen und, und, und …

Äpfel sind gesund

Äpfel sind gesund – das weiß jeder. Aber warum ist das so? Das liegt an den vielen wertvollen Stoffen, die in jedem Apfel enthalten sind. Die bekanntesten sind Fruchtsäuren und Fruchtzucker. Außerdem gibt es noch Gerbstoffe und Aromen in den Äpfeln. Alle Stoffe zusammen geben jeder Apfelsorte ihren typischen Geschmack.
Wenn an den letzten Tagen vor der Ernte die Sonne häufig scheint und die Nächte kühl sind, bilden die Äpfel besonders viele Inhaltsstoffe und die Früchte schmecken dann kräftiger und aromatischer.
Vielleicht hast du aber auch schon festgestellt, dass Äpfel von demselben Baum in einem Jahr etwas anders schmecken als in dem Jahr zuvor. Das liegt am Wetter.

Neben den Stoffen, die den Geschmack geben, enthalten Äpfel viele weitere Stoffe, die gut für unsere Gesundheit sind:

Vitamin C stärkt unsere Abwehrkräfte gegen Krankheiten und wir bekommen im Winter seltener Erkältungen.

Mineralstoffe und Spurenelemente sind lebenswichtig für uns. Wir brauchen sie vor allem für das Wachstum.

Polyphenole (→ Seite 15) sind Stoffe, die Krankheiten und Allergien verhindern.

Diese Obstwiesengürtel sind aus mehreren Gründen ganz wichtig für die Dörfer:

- Die Bäume sind wie ein Windschutz für das Dorf. Sie halten scharfe Winde ab.
- Alte hohe Bäume geben viel Schatten. Daher ist es an heißen Sommertagen auf den Obstwiesen angenehm kühl. Und das merkt man auch in dem Dorf.
- Die vielen grünen Blätter der Bäume erzeugen viel Sauerstoff. Und das gibt ein gutes Klima um das Dorf.
- Und nicht zuletzt sehen Obstwiesen am Dorfrand einfach schön aus und wir erfreuen uns daran.

Was ist eine Streuobstwiese?

Obstwiesen am Rand von Dörfern nennt man oft Streuobstwiesen. Wenn man verstehen will, was eine Streuobstwiese ist, schaut man sich am besten die drei Wörter an, aus denen der Begriff zusammengesetzt ist.

Wiese: Eigentlich ist eine Streuobstwiese eine ganz normale Wiese, nur mit einzelnen Bäumen darauf.

Obst: Auf der Wiese stehen Obstbäume, große alte und manchmal auch junge Bäume. Es sind nicht nur Apfelbäume, sondern auch Birnbäume, Kirschbäume, Zwetschgen- oder Pflaumenbäume – und manchmal auch ein Walnussbaum.

Streu: Auf einer Streuobstwiese werden die Bäume meistens in Reihen gepflanzt. Nach einigen Jahren werden einige Bäume alt und krank, sie sterben ab. Junge Bäume werden meistens nicht sofort nachgepflanzt. So kommen die alten Pflanzreihen durcheinander und es sieht aus, als würden die Obstbäume ganz verstreut auf der Wiese stehen.

Früher gehörte zu jedem Bauernhof eine Obstwiese oder ein Obstgarten. Die Bauernfamilien hatten dadurch genügend Obst zum Essen und auch für Marmelade, Kompott, Saft und Most.

Streuobstwiesen lagen immer auf der Rückseite der Bauernhäuser. Wie ein Gürtel umgaben sie das ganze Dorf. Bei manchen Dörfern kann man dies auch heute noch gut sehen.

Streuobstwiesen und Obstplantagen

Heute kommen nur noch wenige Äpfel von einer Streuobstwiese. Die Äpfel, die du im Supermarkt kaufen kannst, sind auf Obstplantagen gewachsen. Obstbauern verdienen ihr Geld mit dem Verkauf ihrer Äpfel. Sie müssen davon leben und eine Familie ernähren. Sie können ihre Äpfel nicht mehr auf Streuobstwiesen anbauen, sondern sie müssen Obstplantagen anlegen. Warum ist das so? Lass uns mal die Unterschiede anschauen.

Auf einer Streuobstwiese stehen große alte Bäume in einem weiten Abstand. Apfelbäume werden hier bis 10 Meter hoch und stehen 10 bis 20 Meter weit auseinander.
Auf einer Obstplantage werden nur kleine Bäume gepflanzt. Der Stamm dieser Bäume ist nur etwa einen halben Meter hoch. Dann beginnen schon die Äste mit den Äpfeln. Die Bäume werden nur etwa 2 Meter hoch. So können die Äpfel bequem ohne Leiter gepflückt werden. Der Abstand zwischen den Bäumen beträgt nur 2 bis 3 Meter. Insgesamt stehen also wesentlich mehr Bäume auf einer Obstplantage als auf einer Streuobstwiese.
Auf einer Streuobstwiese wachsen Apfelbaumsorten, die über 100 Jahre alt werden können. Und sie sind unempfindlich gegen Krankheiten und Schädlinge.
Auf einer Obstplantage wachsen Apfelsorten, die nur 15 bis 20 Jahre lang Äpfel liefern. Dann werden sie aus dem Boden gezogen und durch neue Bäume ersetzt. Außerdem sind diese Sorten auch viel empfindlicher. Sie werden bis zu zehn Mal im Jahr mit Insektengiften und Pilzgiften behandelt.

Kannst du dir jetzt vorstellen, warum heute Obstbauern eine Obstplantage anlegen, statt einer Streuobstwiese? Richtig! Streuobstwiesen machen viel mehr Arbeit.

Äpfel, die auf einer Streuobstwiese wachsen, sind zwar gesünder und schmecken besser, aber sie sind auch teurer. Und viele Menschen möchten nicht gerne so viel Geld für Äpfel oder für Apfelsaft ausgeben.

Insekten sind kleine Tiere, die du daran erkennen kannst, dass sie sechs Beine haben. Bei vielen Insekten sehen die jungen Tiere ganz anders aus als die ausgewachsenen. Du weißt vielleicht, dass z. B. ein Schmetterling aus einer Raupe entsteht. Insektenraupen, bei denen man sich nicht richtig vorstellen kann, dass aus ihnen mal ein ganz anderes Tier entsteht, nennt man Larven.
Ähnlich ist es übrigens bei den Fröschen und Kröten: Die jungen Kaulquappen sehen auch ganz anders aus als die erwachsenen Tiere. Auch hier nennt man die Jungtiere Larven.

Schädlinge und Krankheiten

Wir Menschen sind nicht die einzigen, die gerne Äpfel mögen. Viele Insekten und ihre Larven ernähren sich von Äpfeln. Manche leben in den Blättern oder im Holz der Bäume. Auch Pilze leben in oder auf den Apfelbäumen und ernähren sich von ihnen.

So lange es nicht zu viele Tiere oder Pilze sind, schadet es dem Apfelbaum nicht. Wenn sie sich allerdings sehr stark vermehren, trägt der Baum nur noch wenige Früchte. Und wenn die Schädlinge immer mehr werden, kann der Baum auch absterben.

Darum schaut der Obstbauer von Zeit zu Zeit nach seinen Bäumen. Wenn er dann einen Schädling entdeckt, schneidet er den befallenen Ast ab. Wenn das nicht hilft, kann der Obstbauer z. B. Tiere fördern, die diese Schädlinge fressen.

Untersuche einen Apfelbaum auf einer Streuobstwiese oder am Wegrand. Achte auf Spuren von Tieren oder Pilzen, die dem Baum schaden können. Die Kennzeichen findest du auf der → Seite 65.

Einen Schädling kennst du vielleicht, den Apfelwickler. Das ist ein kleiner, grau-brauner Falter. Er legt seine Eier an junge Äpfel. Aus den Eiern schlüpfen Raupen. Und die Raupen bohren sich durch die Apfelschale und fressen das Fruchtfleisch und die Kerne.
Wenn Raupen des Apfelwicklers in einem Apfel gefressen haben, fällt er früh vom Baum ab und wird faul. Man sagt, er ist „wurmstichig".
Wenn du einen wurmstichigen Apfel aufschneidest, findest du vielleicht die Raupe darin.

Nach etwa drei Wochen haben die Raupen genug gefressen und verlassen den Apfel. Dann siehst du nur noch kleine schwarze Kotkrümel in den Gängen. Oft sind die Äpfel dann innen braun und faul.
Die Raupen des Apfelwicklers haben aber auch Feinde, die sie fressen wollen. Einer davon ist der Ohrwurm oder Ohrenkneifer. Wenn du ihn auf einem Apfel oder in einem Apfelbaum findest, solltest du dich freuen, denn er verhindert, dass zu viele Äpfel faul werden.

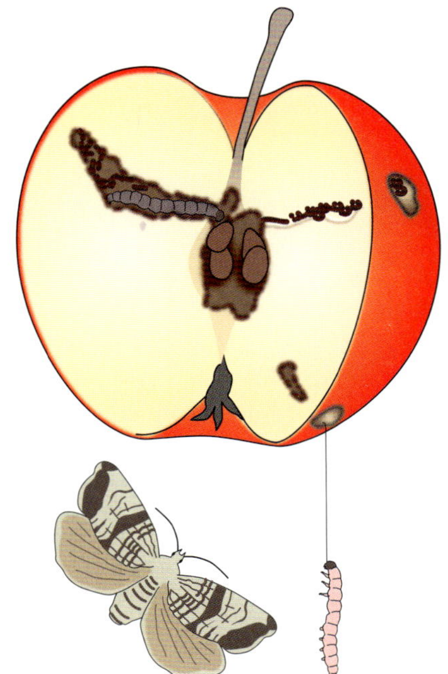

Tiere und Pflanzen als Gäste im Apfelbaum

Lebensraum Streuobstwiese

Auf diesem Bild siehst du eine Streuobstwiese im Wechsel der Jahreszeiten. Schau, wie unterschiedlich der Apfelbaum im Winter, Frühling, Sommer und Herbst aussieht. Viele Tiere besuchen den Apfelbaum während eines Jahres. Welche kannst du entdecken?

Wenn du besser verstehen willst, wie ein Nahrungsnetz funktioniert, findest du dazu auf Seite 68 eine tolle Projekt-Idee.

Ein ökologisches Netz im Apfelbaum

Auf dem Apfelbaum leben viele Tiere und manche Pflanzen. Vögel brüten in Höhlen oder legen ihre Nester in den Zweigen an. Hornissen bauen dort gerne ihre Nester. In der rauen Rinde und zwischen den Blättern verstecken sich viele Insekten, Spinnen und andere Kleintiere.

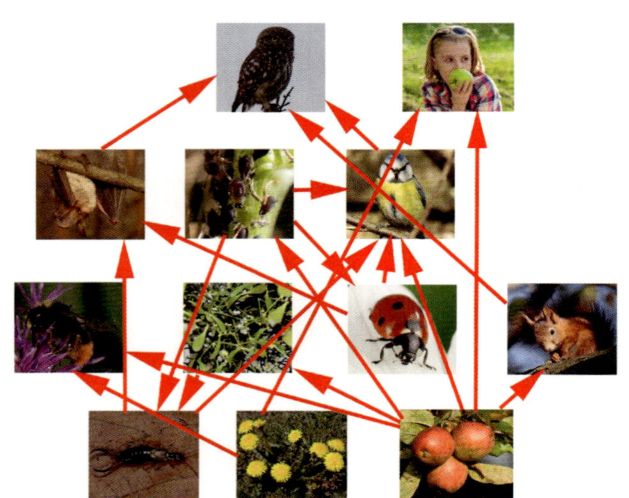

Die Tiere wollen den Apfelbaum oder einen Teil von ihm nutzen. Alle Gäste des Apfelbaums sind deshalb irgendwie mit ihm oder mit anderen Gästen verbunden – so wie die Fäden in einem Spinnennetz. Wissenschaftler sprechen daher von einem ökologischen Netz.

Manche Tiere sind nur deshalb dort, weil sie andere Tiere als Nahrung suchen. Marienkäfer z. B. suchen im Apfelbaum vor allem Blattläuse, die häufig auf Blättern sitzen. Die Marienkäfer selbst aber werden wiederum von vielen Vögeln gefressen, die im Apfelbaum leben, z. B. von Blaumeisen oder Kleibern. Die fressen gerne Insekten, die

sich im Baum verstecken oder dort Nahrung suchen.
Ähnlich geht es den Ohrwürmern: Sie fressen Blattläuse und werden selbst von Vögeln gefressen.
Aber auch die Vögel müssen in den Obstbäumen auf der Hut vor Räubern sein. Ein Marder oder ein Greifvogel wie der Sperber kann kleineren Singvögeln gefährlich werden.
Gelegentlich holt der Buntspecht Jungvögel, indem er Nistkästen oder Höhlen einfach aufhackt.
Auf einer Streuobstwiese stehen nicht nur Apfelbäume – auch andere Obstbäume gibt es hier. Unter den Bäumen wachsen bunt blühende Pflanzen: Löwenzahn und Margerite, Hahnenfuß und Glockenblumen und und und.
Außerdem leben viele Tiere auf der Streuobstwiese. Du kannst am Boden die Zugänge zu den Gängen von Mäusen und Maulwürfen finden.
Manchmal siehst du vielleicht auch einen Fuchs oder einen Igel, der hier nach Mäusen, nach Regenwürmern oder Insekten sucht.
Erforsche doch den Lebensraum Streuobstwiese. Du wirst bestimmt einige Tiere und Pflanzen entdecken, die in dieser großen Gemeinschaft leben.

Vögel beobachten
Mit einem Fernglas und etwas Glück und Geduld kannst du Vögel auf einer Obstwiese beobachten.
Besonders gut geht das im Frühjahr, wenn die Vögel singen. Dann kannst du sie leichter in den Bäumen finden.
In den anderen Jahreszeiten singen Vögel nicht so viel. Dann musst du darauf achten, wo Vögel in den Baum hineinfliegen.

Einen Buntspecht kannst du gut hören, wenn er mit dem Schnabel ganz schnell gegen einen Baumstamm schlägt. Man sagt dazu: er trommelt. Er will damit anderen Buntspechten sagen: Hier bin ich zu Hause, dies ist mein Revier.

Diese Blaumeise versteckt sich in einem Astloch am Apfelbaum.

Vögel als Gäste im Apfelbaum

Viele Vogelarten leben in Streuobstwiesen. Vögel, die in Baumhöhlen brüten, werden Höhlenbrüter genannt. Entweder sie bauen die Höhlen selbst – so wie die Buntspechte. Oder sie ziehen in Höhlen ein, die von Spechten gebaut wurden.
Manchmal entstehen Höhlen in alten Bäumen auch ganz natürlich, nämlich wenn altes Holz im Inneren des Baums verfault.
Manche Vögel, die gerne in Streuobstwiesen brüten, sind heute sehr selten geworden: der Steinkauz und der Grünspecht zum Beispiel. Man muss viel Glück haben, um sie beobachten zu können. Andere Vögel sind häufiger und eigentlich regelmäßig in Obstbäumen zu sehen, zu ihnen gehören die Blaumeise, der Kleiber und der Star.
Viele Menschen bemühen sich inzwischen darum, dass mehr Vögel in unserer Landschaft leben können. Sie pflegen Streuobstwiesen mit alten Bäumen, pflanzen neue Obstbäume oder hängen Nistkästen in Obstbäume. Das ist besonders dann sinnvoll, wenn die Obstbäume noch nicht alt und dick genug sind, damit darin Höhlen entstehen können.

Steinkauz

Der Steinkauz ist eine kleine Eule. Wie andere Eulen auch, geht er in der Abenddämmerung und in der Nacht auf die Jagd nach Mäusen. Alle Eulen können sehr gut hören und finden Mäuse auch in der Dunkelheit. Tagsüber sitzen Steinkäuze in Bäumen, auf Dachböden oder in kleinen Höhlen. Am liebsten halten sie sich in Landschaften mit Wiesen und mit Bäumen auf. Sie brüten nämlich gerne in den Höhlen von alten, dicken Obstbäumen oder Kopfweiden.

Steinkäuze leben aber auch gerne in der Nähe von Dörfern oder Siedlungen. Wenn keine passenden Bäume in der Nähe stehen, brüten sie schon mal in Ställen, Scheunen oder Garagen.

Tagsüber sieht man den Steinkauz nicht, er versteckt sich. Wenn die Sonne untergegangen ist, sucht er nach Mäusen. Dazu sitzt er an Stellen, von denen er einen guten Überblick hat.

Weil man Grünspechte häufiger auf dem Boden als auf Bäumen sieht, nennt man sie auch Erdspechte. Am liebsten fressen sie Ameisen.

Grünspecht

Einen Grünspecht entdeckt man meistens, wenn er auf dem Boden sitzt und auf Wiesen oder in Parkanlagen von Städten nach Ameisen sucht.
Für diese Art von Nahrung ist er ein richtiger Spezialist. Der Grünspecht hat nämlich eine sehr lange Zunge, die er weit vorstrecken kann und die an der Spitze kleine Widerhaken hat. Mit diesen Haken zieht er Ameisen aus dem Boden.
Im dichten Wald kommt der Grünspecht nicht vor. Er liebt offene Landschaften mit Bäumen darin. Gerne brütet er in alten Obstbäumen – vor allem wenn Wiesen in der Nähe sind, auf denen er Ameisen suchen kann.
Du kannst den Grünspecht gut an seinen typischen Farben erkennen: Die Oberseiten der Flügel sind kräftig grün, der Bauch gelbgrün, der Kopf ist von der Stirn bis in den Nacken rot. Vom Schnabel bis hinter die Augen zieht sich auf beiden Seiten des Kopfes ein breiter schwarzer Streifen. Das sieht aus, als hätte er eine Maske.

Blaumeise

Die Blaumeise ist sehr beliebt. Viele Menschen mögen den kleinen Vogel mit seinem dicken Kopf und der pummeligen Gestalt, mit seiner blauen Kappe und den schwarzen Augenstreifen.
Weil die Menschen in den letzten Jahrzehnten viele Nistkästen aufgehängt haben und im Winter füttern, gibt es heute sehr viele Blaumeisen.
Manchmal haben sie es aber auch schwer, sich gegen die größeren Kohlmeisen durchzusetzen: am Futterplatz oder wenn sie eine Höhle für ihr Nest suchen.

Blaumeisen fühlen sich nicht nur in der freien Landschaft wohl, sondern auch in der Nähe des Menschen. Ganz besonders lieben sie es, wenn Obstwiesen oder Parkanlagen in den Siedlungen liegen.

Beim Bau von Nistkästen für Meisen kann man die unterschiedliche Größe der Tiere nutzen: Nistkästen, die speziell für kleine Meisen wie die Blaumeise gebaut werden, erhalten ein Einflugloch mit 26 – 28 mm Durchmesser. Damit größere Tiere wie Kohlmeisen oder Gartenrotschwänze in einen Nistkasten hineinkommen, muss das Einflugloch mindestens 32 – 34 mm Durchmesser haben.

Eine Blaumeise ist leicht zu erkennen: Kein anderer Vogel hat diese Farben und diese lustigen Augenstreifen, die wie eine Maske aussehen.

Der lange Schnabel des Kleibers ist nicht kräftig genug um sich selbst Höhlen zu zimmern. Die übernimmt er gerne von Spechten, zum Beispiel vom Buntspecht. Wenn das Einflugloch einer Höhle oder bei einem Nistkasten zu groß ist, klebt der Kleiber den Eingang mit Lehm oder Erde zu. So können größere Vögel nicht mehr in die Höhle kommen und den Kleiber vertreiben. Daher hat er seinen Namen: Kleiber kommt von Kleber.

Kleiber

Kleiber sind unverwechselbar. Sie haben eine graue Oberseite, schwarze Augenstreifen und eine hellbraune Unterseite. Mit dem kurzen Hals und Schwanz und dem langen Schnabel wirken sie immer etwas ungewöhnlich. Kein anderer Vogel ist beim Klettern so geschickt wie der Kleiber. An Bäumen kann er senkrecht nach oben oder nach unten laufen, das macht ihm keiner nach. Seine Nahrung sind Insekten und Spinnen. Die holt er mit seinem langen Schnabel aus Ritzen und Spalten alter Bäume.

Mit seinem langen Schnabel holt der Kleiber Insekten und Spinnen aus den Ritzen und Spalten der Baumstämme heraus.

Star

Stare sind gesellige Vögel und man sieht sie häufig in größeren Schwärmen. Außerhalb der Brutzeit haben sie gemeinsame Schlafplätze in Bäumen oder Büschen, manchmal auch in Städten.
Oft sieht man sie am Boden. Gerne halten sie sich auch in der Nähe von Kühen auf. Dort suchen sie nach Insekten.
Auf Obstwiesen können Stare aber auch zur Plage werden. Wenn die Kirschen reif sind, treten sie in großen Massen auf und versuchen, ihren Teil von der Obsternte zu bekommen.

Stare kannst du gut an dem dunklen Gefieder erkennen. Im Licht sieht es glänzend aus.

Im Frühling und Sommer fressen Stare vor allem Insekten. Im Herbst nehmen sie auch gerne Obst.

Eichhörnchen leben in Bäumen und können hervorragend klettern. Ihre Nahrung finden sie mit ihrer guten Nase.

Manche Menschen finden Fledermäuse unheimlich – dabei sehen sie doch ganz hübsch aus, oder?

Säugetiere als Gäste im Apfelbaum

In einem Apfelbaum sind Vögel nicht die einzigen größeren Tiere. Auch einige Säugetiere leben hier.

Eichhörnchen

Du hast bestimmt schon mal ein Eichhörnchen schnell am Baumstamm hinauf oder hinunter laufen sehen. Auch in Streuobstwiesen findest du sie. Eichhörnchen fressen fast alles. Nüsse und andere Früchte nehmen sie genauso gerne wie Vogeleier oder Insekten.

Fledermäuse

In Baumhöhlen, in verlassenen Spechthöhlen oder auch in Nistkästen leben oft Fledermäuse. Aber nur im Sommer, im Winter ist es dort zu kalt.
In der Dämmerung kommen sie aus ihren Verstecken und jagen in der Luft nach Insekten. Sie können zwar nur ganz schlecht sehen, aber sehr gut hören. Und so finden sie auch die Insekten.

Insekten als Gäste im Apfelbaum

Im Apfelbaum halten sich auch viele Insekten auf. Manche davon leben sehr heimlich und du kannst sie nur beobachten, wenn du ganz geduldig bist oder wenn du viel Glück hast.

Marienkäfer

Einen Marienkäfer kennt jeder. Manche Menschen halten ihn für einen Glücksbringer. Es gibt verschiedene Arten mit verschiedenen Farben und einer unterschiedlichen Anzahl an Punkten auf den Flügeln.

Ohrwürmer

Ohrwürmer verstecken sich tagsüber gerne unter Holzstücken, in Baumhöhlen oder in Nistkästen. In der Dämmerung kommen sie heraus und fressen alles Mögliche. Da sie auch Blattläuse fressen, finden Gärtner sie nützlich.

Mit ihren Zangen kneifen Ohrenkneifer nicht in Ohren! Sie brauchen sie zur Jagd und zur Verteidigung.

Marienkäfer sind sehr beliebt. Viele Menschen mögen sie.

Vögel, Säugetiere und Insekten sind ganz verschiedene Tiergruppen. Am ähnlichsten sind sich dabei noch Vögel und Säugetiere. Beide haben ein Skelett aus Knochen. Und sie laufen auf zwei Beinen und haben noch zwei Arme. Die sehen allerdings ganz verschieden aus: Die meisten Säugetiere nutzen sie zum Greifen. Vögel brauchen sie zum Fliegen; bei ihnen sitzen sie voller Federn.
Ganz anders ist es bei den Insekten. Sie sind kleiner und laufen auf sechs Beinen. Innen haben sie keine Knochen. Dafür haben sie aber außen einen harten Panzer.

Manche Schwebfliegen sehen wie eine Biene oder Hummel aus. Sie können aber nicht stechen.

Kannst du auf diesem Foto die etwas größeren Ameisen zwischen den kleinen Blattläusen erkennen?

Schwebfliegen

Schwebfliegen sehen auf den ersten Blick ähnlich aus wie Wespen. Stechen können sie aber nicht. Sie sitzen auf Blättern und Blüten. Manchmal siehst du sie auch in der Luft stehen. Wenn du genau hinschaust, kannst du erkennen, dass sie ganz schnell mit den Flügeln schlagen.

Blattläuse

Blattläuse leben oft in Kolonien auf den Ästen oder den Blättern von Bäumen. Mit ihrem Rüssel saugen sie Säfte aus den Pflanzen.

Hummeln

Hummeln sehen immer so schön flauschig aus. Ähnlich wie Bienen leben sie auch in großen Völkern zusammen.
Im Frühjahr kannst du Hummeln meistens einige Tage früher entdecken als Bienen. Sie können sich nämlich gut selbst wärmen, wenn es draußen noch kühl ist. Dazu bewegen sie ihre Brustmuskeln ganz schnell.

Hummeln haben zwar genauso wie Bienen und Wespen einen Stachel. Sie stechen aber nur sehr selten.

Florfliegen

Florfliegen sehen zart und zerbrechlich aus. Sie sind hellgrün gefärbt, ihre Flügel sind durchsichtig. Sie sitzen tagsüber oft auf Blättern. In der Dämmerung und in der Nacht gehen ihre Larven auf die Jagd nach Blattläusen und anderen kleinen Insekten. Im Winter verstecken sie sich auch gerne in Wohnungen.

Hornissen

Auf alten Obstwiesen bauen Hornissen gerne ihre Nester in Höhlen von großen Bäumen. Dann kannst du diese großen Insekten langsam durch die Bäume fliegen sehen. Wenn man sie in Ruhe lässt, sind sie nicht gefährlich. Sie sind sogar nützlich. Zur Fütterung ihrer Brut jagen sie nämlich viele Insekten. Die erwachsenen Tiere fressen gerne Obst. Deshalb kannst du sie auch an Fallobst auf den Obstwiesen finden.

Vielleicht nimmst du beim nächsten Obstwiesenbesuch eine Becherlupe mit. Du kannst die Tiere für einen kurzen Moment hineinsetzen und durch die Lupe im Deckel gut beobachten.

Wegen der großen, glänzenden Augen werden Florfliegen auch Goldaugen genannt.

Hornissen jagen andere Insekten, fressen aber auch gerne reifes Obst.

Im Winter kannst du Misteln gut erkennen, weil ihre grünen Blätter im Herbst nicht abfallen.

Zwischen den harten Blättern sitzen die kugelrunden, weißen Früchte der Mistel.

Die Mistel im Apfelbaum

Vor allem im Winter – wenn das Laub fehlt – fallen dir in manchen Apfelbäumen grüne kugelförmige Büsche auf. Solche hast du bestimmt auch schon in großen Pappeln und auf anderen Bäumen gesehen. Das sind Misteln.

Misteln sind kleine Sträucher, die nicht auf dem Boden, sondern immer auf anderen Bäumen wachsen. Ihre Äste sind ganz gleichmäßig verzweigt. Verfolgt man die Verzweigung von außen nach innen, steht jede Gabelung für ein Jahr. Misteln können 40–50 Jahre alt werden.

Wie aber kommen die Misteln auf die Bäume? Schau dir Misteln an, die auf Weihnachtsmärkten verkauft werden: An den Büschen hängen oft noch die runden, weißen Früchte. Die sind etwa so groß wie eine Erbse und innen klebrig. Amseln und Drosseln fressen sie gerne. Und wenn sie sich dann nach einer Mistelmahlzeit auf einen anderen Baum setzen und entweder ihren klebrigen Schnabel am Ast abstreifen oder einen kleinen Kothaufen hinterlassen, bleiben die Samen am Ast hängen. Eine neue Pflanze kann auskeimen und den Baumast anbohren.

Auch wenn Misteln auf Bäumen wachsen, haben sie Wurzeln. Mit diesen Wurzeln bohren sie sich in die Äste der Bäume und halten sich so fest. Außerdem zapfen sie über die Wurzeln ihre Bäume an. Solche Pflanzen nennt man Schmarotzer.

Die Wurzeln der Misteln wachsen nicht in den Boden hinein, sondern bohren sich in die Äste von Bäumen.

Schmarotzerpflanzen ernähren sich von anderen Pflanzen. Sie machen es wie die Mistel: Mit ihren Wurzeln bohren sie Äste oder Wurzeln anderer Pflanzen an und saugen Wasser und Nährstoffe aus der Pflanze.
Wenn die Schmarotzerpflanze grüne Blätter mit Chlorophyll hat, kann sie zusätzlich auch selbst Nährstoffe aus dem Sonnenlicht bilden (→ Seite 26). Diese Pflanzen nennt man Halbschmarotzer. Die Mistel ist ein Halbschmarotzer.
Haben Pflanzen keinen grünen Farbstoff, leben sie ausschließlich von anderen Pflanzen. Sie werden Vollschmarotzer genannt.

Mensch und Apfelbaum – eine besondere Beziehung

„Der Apfel fällt nicht weit vom Stamm“ bedeutet, dass Kinder etwas genauso machen wie ihre Eltern. Wenn jemand etwas Unangenehmes tun muss, muss er „in einen sauren Apfel beißen“. Und wer Dinge vergleicht, die nichts miteinander zu tun haben, von dem sagt man, dass er „Äpfel mit Birnen vergleicht“. Kennst du noch mehr solcher Redewendungen, in denen Äpfel vorkommen?

Der Apfel in Märchen und Geschichten

Die Menschen hatten schon immer ganz besondere Beziehungen zu Äpfeln und zu Apfelbäumen. Darum ist es auch nicht erstaunlich, dass sich schon seit vielen tausend Jahren alte Geschichten um den Apfel drehen. Der Baum im Paradies, über den in der Bibel steht, dass Adam und Eva verbotenerweise davon gegessen haben, war ein Apfelbaum. Äpfel kommen oft in Märchen und Sagen vor. Denk mal an das Märchen von Schneewittchen und den sieben Zwergen, in dem die böse Stiefmutter das Schneewittchen mit einem Apfel vergiftet hat. Bestimmt kennst du auch die Geschichte von Wilhelm Tell. Auf Befehl eines Fürsten musste er seinem Sohn mit seiner Armbrust einen Apfel vom Kopf schießen. Und auch in vielen Redewendungen und Sprichwörtern taucht der Apfel auf.

Der Apfel in Gedichten und Liedern

Nicht nur in Märchen, Sagen und Redewendungen, sondern auch in vielen Gedichten und Liedern kommen Äpfel oder Apfelbäume vor. Dieses alte Kinderlied und das schöne Gedicht kennst du vielleicht auch:

Einkehr (von Ludwig Uhland)

Bei einem Wirte, wundermild,
da war ich jüngst zu Gaste;
ein goldner Apfel war sein Schild
an einem langen Aste.

Es war der gute Apfelbaum,
bei dem ich eingekehret;
mit süßer Kost und frischem Schaum
hat er mich wohl genähret.

Es kamen in sein grünes Haus
viel leichtbeschwingte Gäste;
sie sprangen frei und hielten Schmaus
und sangen auf das beste.

Ich fand ein Bett zu süßer Ruh
auf weichen, grünen Matten;
der Wirt, er deckte selbst mich zu
mit seinem kühlen Schatten.

Nun fragt' ich nach der Schuldigkeit,
da schüttelt' er den Wipfel.
Gesegnet sei er allezeit
von der Wurzel bis zum Gipfel!

In meinem kleinen Apfel (Kinderlied)

In meinem kleinen Apfel,
da sieht es lustig aus:
es sind darin fünf Stübchen,
grad' wie in einem Haus.

In jedem Stübchen wohnen
zwei Kernchen schwarz und fein,
die liegen drin und träumen
vom lieben Sonnenschein.

Sie träumen auch noch weiter
gar einen schönen Traum,
wie sie einst werden hängen
am schönen Weihnachtsbaum.

Projektideen und Spiele

Projekt: Wir erkunden eine Streuobstwiese

Auf einer Streuobstwiese gibt es für Kinder viel zu entdecken. Wenn man mit einer Kindergruppe einen Vormittag oder sogar einen ganzen Tag auf einer Streuobstwiese zur Verfügung hat, kann man mehrere der folgenden Projektideen durchführen. Der Zeitbedarf ist variabel, je nachdem wie ausführlich man die Erläuterungen gestaltet und wie oft man eine Projektidee wiederholt.

Projektidee: Ist der Baum krank? (vgl. S. 46)

Ob ein Apfelbaum krank ist oder ob Schädlinge an oder in ihm sind, sieht man oft nicht auf den ersten Blick. Dafür musst du genauer hinschauen. Untersuche einen Apfelbaum auf einer Streuobstwiese oder am Wegrand und achte auf Spuren von Tieren oder Pilzen, die dem Baum schaden können:

- Haben die Äpfel braune Stellen oder Löcher? Wenn ja, schneide den Apfel auf und sieh nach, ob Tiere darin sind (z. B. die Maden des Apfelwicklers).
- Sind die Blätter im Sommer schon braun und welk? Kannst du Tiere darauf erkennen? Nimm eine Lupe zu Hilfe.
- Oder sind die Blätter stark eingerollt und verbirgt sich ein Tier darin?
- Siehst du am Stamm Löcher, durch die Insekten eingedrungen sein können (z. B. die Maden des Blausiebs, eines weißen Nachtfalters mit vielen blauen Flecken)?

Du kannst Tierspuren auf einer Streuobstwiese auch mit deiner Kindergruppe oder deiner Schulklasse suchen. Teilt euch in Kleingruppen zu zwei oder drei Kindern auf und nehmt pro Gruppe zehn Papierfähnchen mit – am besten jede Gruppe mit einer eigenen Farbe. Sucht dann auf der Streuobstwiese nach allen möglichen Hinweisen auf Tiere, z. B. Gänge von Mäusen, Löcher im Baumstamm, Fährten im Schnee, angefressene Blätter oder Früchte, Vogelfedern oder Reste von Vogeleiern.

Dafür braucht ihr einen guten Detektivblick.
Überall, wo ihr einen Hinweis auf ein Tier findet, steckt ihr ein Fähnchen an die Stelle, damit ihr sie später wiederfindet. Wenn eine Gruppe alle zehn Fähnchen verbraucht hat, könnt ihr gemeinsam die entdeckten Tierspuren anschauen. Wenn ihr nicht wisst, welche Tiere ihre Spuren hinterlassen haben, hilft euch vielleicht ein Buch aus der Literaturliste.

Projektidee: Einen Baum erfühlen und wiedererkennen

Jeder Baum ist anders. Das kannst du selbst bei einem Spiel feststellen. Lass dir dazu von einem Freund oder einer Freundin die Augen verbinden oder setze eine Augenbinde auf. Lass dich dann von deinem Freund oder deiner Freundin zu einem Baum auf der Streuobstwiese führen, aber nicht auf direktem Weg, sondern mit einigen Umwegen. So weißt du nicht, an welchem Baum du stehst. Befühle den Baum mit deinen Händen und merke dir z. B., wie die Rinde sich anfühlt, wie dick der Baumstamm ist, wie der Baum aus dem Boden kommt oder in welcher Höhe der erste Ast sitzt.
Lass dich dann wieder auf Umwegen zum Startpunkt zurückführen und nimm die Augenbinde ab. Schau dich um und versuche, den Baum wiederzufinden. Dazu kannst du ruhig an einem oder mehreren Bäumen fühlen. Deine Finger werden sich vielleicht wieder daran erinnern, wie der Baum sich angefühlt hat. Wenn du den Baum gefunden hast, führst du deinen Freund oder deine Freundin mit verbundenen Augen zu einem Baum.

Projektidee: Tiere beobachten mit der Becherlupe

Vielleicht entdeckst du bei deinem Obstwiesenbesuch Marienkäfer, Ohrwürmer, Hummeln, Schwebfliegen, Blattläuse oder Florfliegen in den Bäumen. Um sie genauer anzuschauen, eignet sich eine Becherlupe: Du kannst die Tiere für einen kurzen Moment hineinsetzen und durch die Lupe im Deckel gut beobachten.

Projekt: Wir bauen Tieren im Apfelbaum eine Wohnung

Wir werden jetzt aktiv und helfen den Tieren, die als Nützlinge auf einer Streuobstwiese gelten. Der Zeitbedarf für beide Projektideen beträgt jeweils etwa 1 bis 1,5 Stunden, er hängt aber von der Gruppengröße ab.

Projektidee: Einen Unterschlupf für Ohrwürmer basteln

Du hast gelesen, dass Obstbauern und Gärtner Marienkäfer und Ohrwürmer gerne in ihren Obstbäumen sehen. Sie fressen andere Insekten, die den Baum schädigen und werden daher „Nützlinge“ genannt. Du kannst z. B. den Ohrwürmern helfen, indem du ihnen eine Wohnung baust, sodass sie gerne in den Apfelbaum kommen.
Nimm dazu einen Blumentopf aus Ton mit etwa 12 cm Durchmesser. Der Topf muss unten am Boden ein Loch haben. Nimm etwas Heu oder Stroh und binde es in der Mitte mit einer Schnur zusammen. Dann bindest du ein kleines Zweigstück, das so lang ist wie der Durchmes-

ser des Topfbodens, auf das Heubündel. Die beiden Enden der Schnur ziehst du von innen durch das Loch im Boden nach außen. Hänge dann den Topf im Baum auf. Du musst es aber so machen, dass der Topf direkt Kontakt zum Baum hat. Dann kann der Ohrwurm auch in seine Wohnung krabbeln.

Projektidee: Nisthilfen für Wildbienen bauen

Damit aus einer Apfelblüte ein schöner Apfel wird, muss die Blüte erst bestäubt werden (s. S. 17). Apfelblüten werden meistens von Bienen bestäubt. Das können Honigbienen sein, die in großen Völkern zusammenleben (auf manchen Obstwiesen siehst du die Kästen der Imker stehen). Es gibt aber auch viele Bienen bei uns, die nicht in großen Völkern leben, sondern einzeln. In der Natur bauen sie ihre Nester in hohle Pflanzenstängel. Du kannst ihnen helfen, wenn du Nisthilfen für sie baust.
Das geht ganz leicht. Du nimmst eine leere Konservendose mit Boden und steckst darin ganz viele hohle Schilfstängel oder andere Zweige von Holunder oder von Rosen aus dem Garten. Du steckst so viele Stängel in die Dose, dass sie ganz fest sitzen. Am besten schneidest du sie vorher etwas kürzer, als die Dose lang ist. So sind die Stängel besser vor Regen geschützt. Beim Schneiden solltest du darauf achten, dass das hintere Ende des Pflanzenstängels von einem Pflanzenknoten verschlossen ist. Wenn an deinen Pflanzenstängeln keine passenden Knoten sind, kannst du sie auch anders verschließen (z. B. mit etwas flüssigem Gips oder mit einem kleinen Knäuel von einem Papiertaschentuch).
Die Dose hängst du an einen Zweig im Apfelbaum. Achte bitte darauf, dass die Dose nicht schaukelt und dass die Öffnung nach Süden ausgerichtet ist, damit sie von der Sonne beschienen wird. Wenn die offene Seite etwas tiefer hängt als die geschlossene, kann kein Wasser in die Dose und in die Pflanzenstängel laufen. Wildbienen sind übrigens sehr friedlich und stechen nur ganz selten, z. B. wenn du sie anfasst oder mit den Fingern quetschst.

Projekt: Apfel-Leckereien selbst herstellen

Äpfel sind gesund und lecker. Wir können sie vielfältig nutzen. Aus den folgenden drei Projektideen kann man eine oder zwei an einem Vormittag im Kindergarten oder in der Grundschule umsetzen. Der Zeitbedarf für jede einzelne Projektidee ist etwa 1,5 Stunden.

Projektidee: Wir unterscheiden Apfelsorten (vgl. S. 32)

Du kannst selbst feststellen, wie sich die Apfelsorten unterscheiden. Besorge dir dafür vom Wochenmarkt oder aus dem Supermarkt fünf oder sechs verschiedene Apfelsorten. Schneide die Äpfel in Spalten. Lege von jeder Sorte eine Spalte auf einen Teller und vergleiche:

- die Schale (Farbe, Oberfläche),
- das Fruchtfleisch (Farbe) und
- das Kerngehäuse.

Probiere dann die Sorten und vergleiche den Geschmack. Sind sie süß oder sauer, fruchtig oder wässrig? Riechen sie schwach oder stark, angenehm, aromatisch oder herb? Und wie ist das Fruchtfleisch? Ist es fest oder locker, mehlig oder knackig, trocken oder saftig? Und die Schale? Fühlt sie sich glatt oder schorfig an, trocken oder fettig? Gib die verschiedenen Sorten auch deinen Eltern zum Probieren und frage sie, woran sie die Sorten unterscheiden können.

Projektidee: Wir kochen Apfelmus

Nimm dir 1–2 kg Fallobst, schäle die Äpfel und schneide sie in kleine Stücke (die braunen Stellen schneidest du natürlich heraus). In einem Topf mit etwas Wasser kochst du die Apfelstückchen so lange, bis sie weich sind. Dann drückst du sie mit einem Löffel durch ein Sieb, oder du nimmst dafür eine „Flotte Lotte“ (frag einmal deine Eltern, ob sie wissen, was das ist). Am Schluss kannst du das Mus noch etwas „würzen“, z. B. mit Zitronensaft, Zucker oder Zimt. Apfelmus schmeckt warm und kalt gut. Es passt sehr gut zu Pfannkuchen.

Projektidee: Wir backen Äpfel im Schlafrock

Du schälst deinen Apfel und stichst mit einem Ausstecher das Kerngehäuse heraus (vielleicht solltest du das lieber von deinen Eltern machen lassen). Du nimmst dir eine Scheibe Blätterteig aus der Tiefkühltruhe und rollst sie so aus, dass sie zwei- bis dreimal so lang und breit ist wie der Apfel hoch (etwa 20 x 20 cm). Den Apfel stellst du in die Mitte der Blätterteig-Scheibe. Dann mischst du dir eine leckere Füllung für das Loch im Apfel. Dafür kannst du vieles nehmen (z. B. Rosinen, Nüsse, Semmelbrösel, Marmelade, Honig oder Marzipan). Damit füllst du den Apfel. Das ist manchmal etwas schwierig. Am besten legst du die Füllung mit einem kleinen Löffel auf das Loch im Apfel und drückst sie dann mit einem Kochlöffelstiel hinein. Die vier Enden der Blätterteig-Scheibe schlägst du hoch und drückst sie oben auf dem Apfel zusammen. Du kannst den Blätterteig mit einem verquirlten Ei bestreichen. Dann schiebst du alle Äpfel, die du so zubereitet hast, auf einem Backblech in den Ofen. Im Ofen müssen sie bei 180–200 °C etwa 20 Minuten backen. Nach dem Backen kannst du sie noch mit Puderzucker bestreuen. Warm schmecken sie am besten.
Wenn du den Apfel nicht schälst, kannst du ihn auch so mit einer leckeren Füllung in den Ofen schieben. Dann hast du einen **Bratapfel**. Dazu schmeckt eine Vanillesauce gut.

Projekt: Nahrungsnetz im Apfelbaum

Mit diesem Projekt kann der komplexe Sachverhalt des ökologischen Netzes am Beispiel eines Nahrungsnetzes im Apfelbaum veranschaulicht werden. Lesen Sie dazu als Einführung bitte gemeinsam mit dem Kind die Seiten 50 und 51.
Das Projekt kann mit einem einzelnen Kind, aber auch mit einer Kindergruppe durchgeführt werden. In einer größeren Gruppe können Kleingruppen von zwei oder drei Kindern jeweils gemeinsam die Aufgabe bearbeiten und ihre Ergebnisse untereinander vergleichen und diskutieren.

Aufgabe: Ein Nahrungsnetz erstellen

Das Kind bekommt eine Fotokopie der Bildtafel 1 (Seite 70) mit Fotos von Pflanzen und Tieren, die auf einem Apfelbaum oder in dessen unmittelbarer Nähe vorkommen.
Lassen Sie das Kind die einzelnen Fotos der Bildtafel ausschneiden und sie auf ein großes Blatt Papier legen. Das Kind soll nun mit einem Filzstift Pfeile zeichnen, die anzeigen, „wer sich von wem ernährt". Die Spitze des Pfeils zeigt dabei immer auf den Fresser. Veranschaulichen Sie dies dem Kind so, dass der Pfeil immer auf das Maul des Fressers zeigt.
Geben Sie dem Kind Hilfestellung, wenn es ein Tier/eine Pflanze nicht kennt oder wenn es einmal nicht weiß, was ein Tier frisst. Das Ergebnis kann so aussehen, wie in der Bildtafel 2 (Seite 70) gezeigt.

Ergebnis und Diskussion

Das Kind wird feststellen, dass ein Tier sich meist nicht nur von einer Pflanze oder einem Tier ernährt, sondern von mehreren. Umgekehrt wird eine bestimmte Pflanze nicht nur von einem Tier gefressen, sondern ebenfalls von mehreren. Die Lebewesen bilden ein Nahrungsnetz: Sie sind die Knoten in einem Netz aus Pfeilen, die die Beziehungen der Lebewesen untereinander symbolisieren.
Das Kind wird ebenfalls feststellen, dass auch der Mensch – symbolisiert durch das Bild des Mädchens – ein Teil des Nahrungsnetzes ist. Machen Sie das Kind darauf aufmerksam, dass der Mensch immer am Ende einer Nahrungskette liegt: Es zeigen nur Pfeile auf das Mädchen, es geht kein Pfeil von ihm weg!

Bitten Sie nun das Kind, Vermutungen darüber zu äußern, was passieren würde, wenn ein Glied des Netzes, d. h. eine Pflanze oder ein Tier, verschwinden würde. In der Diskussion zeigt sich, dass der Ausfall einzelner Pflanzen- oder Tierarten schwerwiegende Folgen für die Gesamtheit der Lebewesen des Nahrungsnetzes haben kann. Werden beispielsweise Blattläuse mit Pestiziden bekämpft, so finden Insekten wie Marienkäfer und Ohrwurm keine Nahrung. Und ohne diese Insekten finden Vögel wie die Blaumeise nichts zu fressen.

Bildtafel 1: *Die Lebewesen im Nahrungsnetz eines Apfelbaums.*

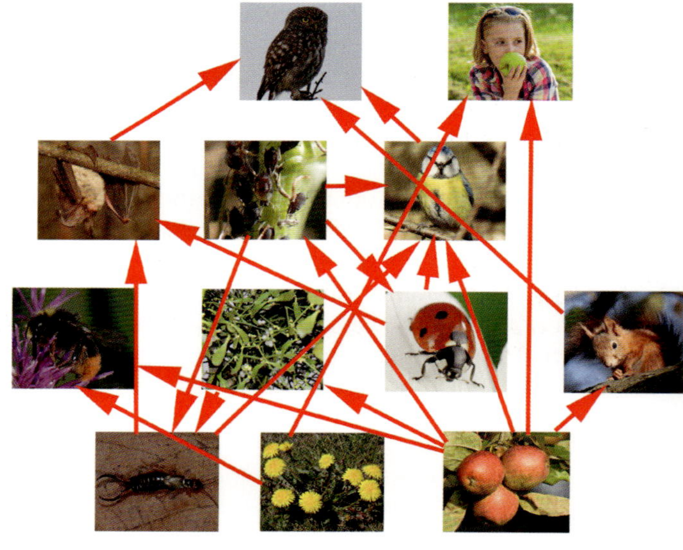

Bildtafel 2: *Ein Nahrungsnetz aus den Elementen der Bildtafel 1.*

Impressum, Literatur, Bildnachweise

Impressum

ISBN: 978-3-89432-141-3
Grafiken: Elisabeth Galas, Bad Breisig
Satz und Layout: ISM Satz- und Reprostudio GmbH, München
Herstellung: Westarp & Partner Digitaldruck. Printed in Serbia.

Bildnachweise

Bosch, Stefan: S. 43
BUND Lemgo: S. 33/1, 2.
Hasse, Franz: S. 3; 6/1, 2; 10/3, 4.
Fotolia Deutschland, Berlin,
© www.fotolia.de: PhotoSG S. 7; xalanx S. 8; Africa Studio S. 15; pixelnest S. 17; volff S. 19/1, 20/2; Tim UR S. 19/2; dimakp S. 19/3; Dionisvera S. 20/1; Anna Kucherova S. 20/3; 21/1; M. Schuppich S. 21/2; sunny chicka S. 22; emer S. 25; ojl S. 30/1; Nomad_Soul S. 30/2; flucas S. 32; groisboeck S. 33/3; guitou60 S. 34/1; paul_koomen S. 34/2, 3; Thorsten Schier S. 36/1; Pascal Huot S. 36/2; Ingo Partussek S. 36/3; Jürgen Fälchle S. 37/1; Jörg Hackemann S. 37/2; pyansetia2008 S. 41, 70; powell83 S. 44; Gucio_55 S. 58/2, 70; Alekss S. 59/2; 70.
pixelio.de: © knipseline/PIXELIO S. 10/1; © Maja Dumat/PIXELIO S. 10/2.
Rüther, Peter: S. 11; 24/1, 2; 26; 39; 40; 62/1, 2; 70.
Venne, Christian: S. 59/1; 60/1, 3.
Venne, Walter: S. 4/1, 2; 52/1, 2; 53; 54; 55; 56; 57; 58/1; 60/2; 61/1, 2; 70.

Literatur

Bang, P. & Dahlström, P. (2009): Tierspuren – Fährten, Fraßspuren, Losungen, Gewölle und andere. 3. Auflage. – München (BLV), 264 S.

Blessing, K.; Hutter, C.-P. & Link, F.-G. (2006): Unsere Obstgärten – Mit Kindern die wunderbare Welt der Streuobstwiesen entdecken. – Stuttgart (Hirzel), 144 S.

Hutter, C.-P. (2014): Obstwiesen – ein Naturparadies neu entdecken. – Stuttgart (Franckh-Kosmos), 144 S.

Klein, A. (2010): Nichts wie raus auf die Streuobstwiese – Naturerlebnis-Ideen zum Wahrnehmen, Forschen, Beobachten & Bewegen. – Mülheim (Verlag an der Ruhr), 96 S.

Ohnesorge, G. & Scheiba, B. (2012): Tierspuren und Fährten erkennen und bestimmen. 3. Auflage. – München (Bassermann Verlag), 344 S.

Pol, D. (2012): Sonnentaler – Unterrichtsstunde 7: Lebewesen hängen voneinander ab: Nahrungsketten. – www.sonnentaler.net/aktivitaeten/biologie/systematik/biodiversitaet/ue1/nahrungsketten.html

Zehnder, M. & Weller, F. (2011: Streuobstbau – Obstwiesen erleben und erhalten. 2. Auflage. – Stuttgart (Ulmer), 186 S.

Über den Autor

Peter Rüther, Jahrgang 1962, Leiter der Biologischen Station Kreis Paderborn – Senne e.V.; seit über 15 Jahren Vermittlung von botanischen Themen in Exkursionen, Kursen und Vorträgen; mehrere Buchpublikationen über Naturerlebnis, Wandern und Radfahren in der Senne und im Teutoburger Wald; zahlreiche Veröffentlichungen zu Naturschutz-Themen in der Senneregion.